中国修辞

2020

胡范铸 邓志勇 主编

上海大学出版社
·上海·

图书在版编目(CIP)数据

中国修辞.2020/胡范铸,邓志勇主编.—上海：
上海大学出版社,2022.9
 ISBN 978-7-5671-4520-7

Ⅰ.①中… Ⅱ.①胡… ②邓… Ⅲ.①修辞学-文集
Ⅳ.①H05-53

中国版本图书馆 CIP 数据核字(2022)第 152114 号

责任编辑　刘　强
助理编辑　于　欣
封面设计　柯国富
技术编辑　金　鑫　钱宇坤

中国修辞 2020
胡范铸　邓志勇　主编
上海大学出版社出版发行
(上海市上大路 99 号　邮政编码 200444)
(https://www.shupress.cn 发行热线 021-66135112)
出版人　戴骏豪
*
南京展望文化发展有限公司排版
江苏凤凰数码印务有限公司印刷　各地新华书店经销
开本 787mm×1092mm　1/16　印张 7.25　字数 176 千
2022 年 9 月第 1 版　2022 年 9 月第 1 次印刷
ISBN 978-7-5671-4520-7/H・406　定价：38.00 元

版权所有　侵权必究
如发现本书有印装质量问题请与印刷厂质量科联系
联系电话：025-83657309

目　录

· 本 卷 特 稿 ·

人类命运共同体的修辞学基础是什么？
　………………………………… 巴里·布鲁梅特　邓志勇　刘　欣　周思平 译／1

· 中国修辞学年度论文选 ·

批判性讨论与语用-辩证论辩理论的引进 ………………………………… 刘亚猛／5
辞屏建构的中非往来：《经济学人》中非关系报道话语分析 …………… 鞠玉梅／17
从上古到后真相时代
　——"谣言"概念史的再分析 ……………………………… 胡亦名　胡范铸／27
《共产党宣言》中文首译本标点符号的使用及版本价值 ………………… 霍四通／33

· 中国修辞学会年会论文选 ·

试论语体特征对焦点操作策略的影响 …………………………………… 祁　峰／44
预期与反预期评注在小句内的兼容模式与功能 ………………………… 邵洪亮／48
修辞"认同"视域下社会-认知语用观的若干理论局限与思考 ………… 秦亚勋／55
"N的V"短语的语篇功能和语体适应性 ………………………………… 马国彦／64
基于"注意力视窗开启"的叙事性文本的创造性建构 …………………… 杨　彬／73
想象到知识：公共空间话语进路与知识图谱中的"中国" ……………… 樊小玲／81
汉语"语篇支持性"言语行为标记研究 …………………………………… 东文娟／90
谣言传播的媒介化：数字元技术时代公共危机事件的话语斗争 ……… 骆冬松　胡翼青／91

· 重要学术活动述评 ·

中国修辞学：辉煌之后何以重新出发
　——"纪念中国修辞学会成立40周年学术研讨会"述评 …………… 裴洲司／98
语言与认同：社会、文化、国家、全球
　——第四届国家话语生态研究高峰论坛述评 ………………… 孟凡璧　武　宁／100

跨学科视域中的语篇修辞学研究
　　——第十一届"望道修辞学论坛"暨"语篇·语法·认知"学术研讨会述评
.... 李建新　闪　洪 / 101
第二届西方修辞学高端论坛成功举行 .... 朱虹宇　陈　曦　李　克 / 104

·全国修辞学博士论文文摘选·

政治语言学视域下俄罗斯"媒体外交话语"评价意义研究 .... 王楠楠 / 106
功能视域下的汉语话语套用研究 .... 左乃文 / 107
马拉维刑事审判话语中非真诚性和可相信原则研究 .... Wellman Kondowe / 109
现代汉语感叹表达研究 .... 柳　真 / 110

·本卷特稿·

人类命运共同体的修辞学基础是什么?

巴里·布鲁梅特

(美国得克萨斯大学,奥斯汀 78717)

邓志勇 刘 欣 周思平 译

(上海大学外国语学院,上海 200444)

摘 要 由于技术和文化的发展,修辞越来越以文本为中心。在我们的世界中,文本先被创造出来,受众可以被理解为文本产生的效果之一,而受众是否被文本所吸引可能作为衡量文本成功与否的标准之一。文本的策略性创造可作为共同行动和承诺的共同基础,如肯尼思·伯克(Kenneth Burke)所说的"同质"一样,因而成为构建命运共同体的主要任务。

关键词 人类命运共同体 修辞学 共同基础 文本 受众

本次会议围绕着本文这样一个有价值的主题展开,实际上,在一个充满冲突、怀疑、猜忌、战争和仇恨的世界里,这可能是最有价值的主题。作为人类共同体的我们想要奋勇前进,我们前进的基础是什么? 来自科学、艺术、宗教和社会科学的很多学科和思想体系会提供一些值得借鉴的答案。本文将基于修辞学这一古老的学科提出一种思考方式。

《修辞的功能与形式》(Brummet, 2018)探讨了人类历史上修辞的不同形式和功能。本文将采用不同的方式,请读者思考修辞甚至传播本身的组成部分有哪些,并用这种方式来思考我们如何构建人类共同体。这里所说的组成部分不是纯技术上的或非比寻常的东西。如果你在本科生课堂上问同学们"修辞事件的组成部分",大多数人可能会说"发出者、信息、接受者",或者用更修辞学的术语来说"修辞者/演说者、文本和受众"。这种传播的"线性"模型最初是由克劳德·香农(Claude Shannon)和沃伦·韦弗(Warren Weaver)于20世纪40年代提出来的,后来大卫·贝罗(David Berlo)在解释人类传播方向上做了进一步的完善[①]。在上述三个组成部分的基础上,我们可以加上修辞情境或语境、修辞事件的效果或结果。如果充实这种修辞范畴,我们就有了学者们所谓

---

* 本文为作者巴里·布鲁梅特应邀参加2019年7月上海大学修辞批评研究中心主办的"人类命运共同体与国际传播修辞"国际工作坊时所作的主旨报告。

** 巴里·布鲁梅特(Barry Brummett),博士,Charles Sapp 传播学百年教授,美国得克萨斯大学奥斯汀分校穆迪传播学院传播系主任,国际著名修辞学家、通俗文化研究专家,美国传播学会、国际传播学会、美国修辞学会等知名学术机构会员,曾任传播学、修辞学方面的多家国际知名刊物编委。主要研究领域包括伯克修辞学、流行文化修辞、修辞理论与修辞批评、修辞哲学、传媒批评。在知名国际刊物发表学术论文120多篇,出版修辞学学术专著及编著10多部,主编或参编教材5部,代表性专著包括《文体的修辞》《流行文化的修辞维度》等。Barry Brummett 教授也是上海大学修辞批评研究中心名誉主任,多次应邀在国内高校讲学或作学术报告。

① https://www.businesstopia.net/communication/linear-model-communication.

的新亚里士多德主义批评结构①。这里的充实指的是要考虑在修辞者的影响下修辞主体的名声或地位。受众是修辞者意欲影响的对象，但也可能是文本意想不到的读者。文本是这种修辞范畴最复杂的组成部分，包括不同种类的证据，诸如逻辑诉诸、人品诉诸、情感诉诸、组织结构、文体风格和其他如电子广播和报纸发行等任何技术因素。修辞效果极其难以评估，评估方法也不尽相同，包括检查调查结果、采取的或未采取的相应行动、文本的语言和主题是不是受众所选以及是否被重复演说等等。我认为视其为一种对本科生修辞学教学的有用的体系，既不是错误的，也不应该被贬低。但是作为学者，我们的目的更为复杂，这就要求我们思考更具有创造性，并重新思考在不断变化的新形势下何为修辞。

几十年前，美国修辞学者肯尼斯·伯克写过一篇富有远见的文章，提出数字时代的新修辞应明确将文本作为关注和分析的焦点。伯克在《动机修辞学》中指出当今（20世纪40年代）修辞的大部分受众不是"特定的"，而是由修辞"交易活动"创造的，因而受众是修辞的结果。"亚里士多德（Aristotle）和西塞罗（Cicero）都认为受众完全是特定的。然而，现代生活极端的异质性和现代邮政机构的性质带来了另一种可能性：系统地尝试开拓读者……"（Burke，1950：64）该文颠覆了人们对传统修辞学的认识，传统修辞学认为修辞者希望在既定的受众中达到一定的效果，该文则指出受众是我们时代中修辞的效果。伯克把这种修辞的新构造明确地置于新技术、他所处时代的"邮政"服务以及有"极端的异质性"的社会分裂的背景下。他的观察在我们当今所处的全球互联网和其他科技不断发展的时代有多正确还未可知。值得注意的是，伯克将文本置于中心位置的主要原因之一是修辞得以运作的技术机制。

如果我们以伯克的思想为出发点，重新思考"修辞交易"的结构和内涵，我们可能会更好地理解在全球或区域范围交流中修辞的可能性。伯克以文本为中心，强调文本是任何交流模式核心的、基础的和生成的组成部分，那么我们不妨思考一下为什么文本在伯克描述的文化条件下处于中心地位。

首先，我们从修辞者、演说者或文本的生成者入手。修辞者越来越不为人知、分布广泛且错综复杂。比如，我们倾向于认为电影的修辞者是制片人或导演，但实际上创作电影、电视节目、音乐或杂志等是很多个人和公司共同努力的结果，想想在有线电视上播放的一段30秒的商业广告背后的创造性的写作、照明工作、导演、表演、电脑制图等工作。为记录如拍摄电影这种工作和出于营销目的，一个单独的个体可能作为焦点被命名，如一部 M·奈特·沙马兰（M. Night Shyamalan）"制作"的电影，但事实上创作者群体中的任何一员都参与其中。

在伯克所描绘的当代条件下，主要由于技术的原因，作为新亚里士多德主义批评传统模式的重要部分之一的语境是支离破碎和分散的，很多不同的社会和历史问题妨碍我们追溯任何特定信息的全貌。而且，每个人生活在共享却又截然不同的环境中，每个人在演讲中寻找和他们语境有关的东西，向即使没有数十亿也有数百万人传达信息，意味着对于每个受众或受众群体而言，语境的差异可能是很大的。同一信息对不同人所处的语境刺激可能也不同。

最后，当今的技术使得任何人都可以把信息从一个语境转移到另一个语境，为了不同的目的组合和重新组合信息，以及把信息应用到各种各样的语境中。语境，或有时称作修辞形势，是极其多样化和分散的。

如上所述，受众是文本的效果或结果。假定我今天下午想创作一个文本，如线上博客，世界上没有特定的或预先存在的受众希望和

---

① https://thevisualcommunicationguy.com/2017/08/01/neo-aristotelian-rhetorical-criticism/.

期待我这么做。首先创建博客,然后看是否有任何人对此感兴趣。先有博客内容,后有受众,受众是文本的效果或创造物。传统的分析范畴认为,我们所谓的效果和受众的身份及特质是密不可分的,当然效果也会随着受众的变化发生根本的改变。文本以令人眼花缭乱的各种方式组合和重新组合时,不同的人群会被这些不同种类的文本所吸引。以模因概念为例,一个特定的图像或短语不断被重复以适应不同的社会和政治环境。模因每新出现一次就为自己创造或者杜绝受众,产生不同的反应和结果。

如果如上文所说,文本是修辞的中心,那么人类如何通过修辞构建一个共享的未来问题就变成了我们共享什么样的文本的问题。文本变成了伯克所谓的"质",成为允许群体中的人们分享各自立场的基础(Burke,1950:20)。质是复杂多变的,正如文本的本质是复杂多变的一样,但如果质存在于任何地方,它就一定存在于文本之中。在某种程度上分享文本就是让人们朝着未来一起前进,分享可以在区域的、有限的水平上进行,可以在家庭之中,也可以在全球层面,如国家间可能在气候变化问题上寻找携手合作的质。伯克认为修辞运作的基础是同质,或为了行动创造一个共同的质。先有同质,它体现在文本之中,同质使人们能共同思考和工作。

在对修辞的诸多定义和解释中,关于修辞的普遍性,伯克说道:"因为修辞本身并不根基于任何人类社会过去的条件。它根基于语言本身的基本功能,一种完全现实的功能,一种不断更新的功能;作为诱导合作的象征手段,语言的使用在本质上是人对符号做出反应。"(Burke,1950:43)

换言之,修辞是对文本内符号的操纵,为了在人与人之间诱导合作,而这种合作无疑是我们如何迈向共同未来的关键。

理论家理查德·麦克科恩(Richard McKeon)为我们提供了另一种方法思考修辞为了共同向前发展如何提供文本的质。他把修辞描述为"建筑式的生产的艺术"(architectonic productive art)(McKeon,1987:1—25)。术语中 arch 是占据支配地位的意思,大主教(archbishop)统治着天主教教区,宿敌(archenemy)是控制我们思想和动机的头号敌人,建筑师(architect)是管理房屋建设的人。麦克科恩称修辞为建筑式的生产的艺术是指修辞给人们提供了共同向前发展的蓝图或计划。文本产生了,它提供使人们可能聚集在一起的动机和认识,使人们可能成为受众,朝着共同的目标携手共进。当然,这种文本可能并不奏效,可能被后来的文本所取代,也可能被不同群体所拆分和挪用,但如果没有这样占据支配地位的文本,就不会有同质和共识。

马克·贝克曼(Mark Backman)提出过相似的见解。贝克曼认为当今的政治"只有一个目的:塑造一个有用的现实,暂时把共同行动中不同的人们和利益联合起来"(Backman,1991:61)。贝克曼认为修辞通过整理世界来形成这些现实,这当然和麦克科恩的修辞治理世界的观点相一致,他认为如今的修辞是"为了某种目的被一种整理世界的强烈愿望所驱动"(Backman,1991:40)。修辞学传统主要把修辞看作形成论辩信息影响特定受众的艺术,但麦克科恩和贝克曼给我们提供了一种视角,即修辞是一种整理、组织、安排世界的艺术,这样我们就可以在其中共同行动。文本把我们认为有联系或不相联系的,和谐或不和谐的群体、价值、对象和观点组织起来。一旦文本以这样或那样的方式为我们把世界整合在一起,它就即刻创造了一种文本的同质,使我们可能达成共识和行动。修辞整理的功能对人们如何建构历史尤为重要,但历史不过是以某种方式整理的关于过去发生的事件的故事。在美国,很长一段时间以来,大多数历史都是从白人男性的角度叙述的。女性以及被奴役的非洲人、中美洲人和亚洲人等有色人种也对我们国家的历史做出过贡献,为了听到从他们的角度讲述的故事,新历史越来越多地对他们的故事进行重新整理。但为了专门服务于社会和政治目的,这些相互矛盾的故事被以不同的方式整理成历史,以便创造新的方式帮助来自不同背景的人们找到共同点和向前发展的质。

贝克曼(Backman,1991:143—160)提出:当今为共同行动奠定基础的文本在本质上越来越富有审美趣味,我非常认同这一观点,这也使得理解更加复杂化。尼尔·波兹曼(Neil Postman,1985)所描绘的过去那种依赖于论据的"解释性"诉求、理性诉诸和合理性诉求的修辞文化已经完全变了。现在,修辞诉求富有审美趣味,这意味着文本的基础经常是视觉的,或者讲述一个故事,或者以某种方式娱乐。如果我们要达到目的,我们要知道共同行动经常基于由图像、故事或娱乐创造的同质性。人们在新闻中看到了一张引人注目的照片,他们往往也会采取共同的行动。我们互相讲故事,从而创造出同质的文本来指导未来共同行动。我们并不总是认同这些故事,其实在重要的社会和政治问题上,全体受众从来就没有达成过一致的意见。因此,在美国,关于墨西哥移民我们讲述不同的故事,一方面讲述他们是多么诚实和努力地工作,另一方面声称他们的行为是暴力和犯罪的。文本合作和整合的语言基础变得更薄弱和简单化。虽然故事、图像和娱乐的美学轨道方向不同、多种多样,但当下我们在沿着这些轨道向前发展。

在一个我们共同的文本都是美学和叙事的世界里,领导者和修辞学家们要找到向前发展的共同点具体要做些什么?我们必须关注文本和文本的片段,它们可能被拼凑在一起,为共同的行动和信念创造文本的共同点,做在时尚界被称为"猎奇者"的人会做的事;这些人到处游走,主要在年轻人经常光顾的都市里,寻找由富有创造力的年轻人或群体所收集的时尚的范例、单品,等等。这些通常是对加工材料进行策略性地修改,例如,一个有创造力的人会把商业化生产的鞋子装饰成完全不同的样子。领导者在寻找能够提供共同点的文本时,需要注意类似的片段和文本,它们能组合成共同文本使人们相互理解和采取联合行动。当然,这样的文本将远远超出"时尚"范围,但会包括新的、流行的表达方式,新的模因,广泛使用的图片、短语、口号、原创和转发的材料等。这是为了找到可能被组装进文本的材料以推动社会向前发展。

这些文本的创作既是一种拼装,也是一种创造。这里的拼装是指把文本的片段像现成品一样装配在一起。哪些有意义的实践、文件、经验可能吸引受众聚在一起采取共同行动和达成共识呢?测试这种文本的方法类似于焦点小组,看看人们是否能够就提出的文本形成有凝聚力的思想和行动的社区。这种文本的指导逻辑将是美学的,包括组合成一个好故事的叙事元素,人们可以在此基础上向前发展。教育公众的关键不是分析论证和劝说的诉求,而是准确分析文本创造共同点的潜力。对文本的评估必须考虑其创造立场吸引受众的能力,而不是其说服预先存在的受众的能力。无论在区域的、国家的、还是国际的范围,我们都可以找到修辞为了公众共同向前发展的共同点,但我们需要以不同的方式思考修辞在我们的世界是如何运作的。

[参考文献]

Backman, M., 1991. *Sophistication: Rhetoric and the Rise of Self-Consciousness* [M]. Woodbridge, CT: Ox Bow Press.

Brummet, B., 2018.修辞的功能与形式[J].郭恩华,李秀香,译.当代修辞学(6).

Burke, K., 1950. *A Rhetoric of Motives* [M]. Berkeley, C. A: University of California Press.

McKeon, R., 1987. *Rhetoric: Essays in Invention and Discovery* [M]. Woodbridge, CT: Ox Bow Press.

Postman, N., 1985. *Amusing Ourselves to Death: Public Discourse in the Age of Show Business* [M]. New York: Penguin.

· 中国修辞学年度论文选 ·

批判性讨论与语用-辩证论辩理论的引进

刘亚猛

(福建师范大学外国语学院,福州 350007)

摘 要 作为当代论辩研究的一大学派,语用-辩证理论引起中国相关学者极大的兴趣与关注。然而,对该理论模式的引介倾向于孤立地介绍并且几无保留地接受其自我描述及自我阐释,忽略了同步介绍促成这一理论成长演变的相关学术话语环境。这种非批判性及去语境化的倾向不仅使我们对语用-辩证理论的了解流于浅表,而且背离了该理论所提倡的批判理性主义精神以及萨义德就如何对待"旅行理论"提出的"寓抵抗于接受"这一经典原则。本文回顾了国际论辩学界围绕语用-辩证理论开展的批判性讨论,指出寻求该理论在中国"定居"的学者不仅应该投身于这一讨论,从自己的独特视角就该理论的底蕴及构设提出诘问,而且应该通过对语用-辩证理论的批判性译介,生成可能促成中国本土论辩研究及论辩实践发生范式转换的地方化问题。

关键词 论辩研究 语用-辩证理论 理论引进 旅行理论 批判性讨论

一、语用-辩证理论的引介及其存在的问题

在修辞、非形式逻辑、语用-辩证这三大当代主流论辩研究路径中,引起中国学术界更多关注及更大兴趣的无疑是成形最晚然而发展态势尤其强劲的第三个理论模式。从20世纪90年代对语用-辩证理论"标准版"的引介到近年来对其"拓展版"的密集译述,该理论每个发展阶段的权威著作及论文一经出版,大都迅即由国内学术出版社或期刊推出中文版,使我国学者得以在第一时间追踪该理论的每一步演进,对该理论不断自我修正的知识体系得以保持着与国际学者同步的知情及了解。在加强相关文本译介的同时,跟该理论引进相关的人员交流也不断得到强化。语用-辩证学派不仅培养出好几位中国博士,其主要创建者弗朗斯·H·凡·埃默伦(又译"范爱默伦")还在中国不止一所高校担任特聘或客座教席;他

的整个"荷兰团队"集体访华并与中国同行举办了颇具规模的"首届中荷语用论辩学学术研讨会";中外学者还一起建立了以中国为基地的"国际语用论辩学研究中心""江苏大学论辩研究中心"(JUCAS)和浙江大学"国际语用论辩学研究中心"(IIPD),展示出使我国成为除该理论发源地荷兰之外的又一国际研究基地的宏图大志。

考虑到论辩研究是一个在当代中国有着极大社会文化需求,然而总体发展严重滞后的学术领域,对语用-辩证理论的这种持续不懈并且不断强化的引介无疑值得称道。然而,近期国内跟该理论相关的出版状况又使人不能不对在这么大的时间跨度内进行如此密集的智力投入是否得到与之相称的产出感到担忧。首先,对这一理论模式的一般性、常识性介绍仍在进行,如埃默伦(2017)、武晓蓓(2018)等。其中埃默伦2017年发表于中国学刊的署名论

文《语用论辩学：一种论证理论》虽然高屋建瓴地"回顾了语用论辩学20多年来的发展演变"，但究其内容无非是"概述了语用论辩学的5个构成要素和4个元理论起点，构建了批判性讨论的模型，提出了10个批判性讨论的规则，以及论证性话语中3个面向的策略操控"（陈波，2017），与此前众多相关出版物相比，未见得更加详尽地介绍了更为新颖的信息。

其次，国内学者尽管几十年如一日对语用-论辩理论的发展保持密切关注及接触，但是否已经超越了对该理论的浅表理解，真正把握其深层意涵，仍不够明确。这一不确定性从该理论术语的汉译或许可见一斑。以dialectic、argumentation、argument这三个语用-辩证理论的核心术语为例，国内致力于该理论研究的学者普遍以"论辩学""论证""论述"作为上述概念的标准汉译；然而，正如武宏志（2018）指出的，这些语用-论辩理论核心概念的流行汉语译名不仅应用起来造成了"同语反复"等难以解决的技术性问题，在语义上也谈不上贴近原术语。武宏志对原术语语义的详细考证就完全不支持以"论辩学""论证"作为dialectic和argumentation的标准译名。他未能进一步指出的是，这些译名不仅与相应术语存在语义偏差，而且与语用-论辩理论作为一个整体的基本设定也相互龃龉。埃默伦及其合作者在提及pragma-dialectics时一般称之为［the］approach或［the］theory。也就是说，他们明确将其确定为论辩学或论辩研究领域中的一个路径或一种理论。而"语用论辩学"这一名称却让人误以为这是一门"学"，即生成并涵盖多种理论的领域（如"哲学"）或次领域（如"阐释学"）。埃默伦曾毫不含糊地指出"在语用-辩证视域中，论辩理论既不是一种关于证明的理论，也不是一门关于推理及论理的通用学说"（in the pragma-dialectical view, argumentation theory is neither a theory of proof nor a general theory of reasoning or argument）（2012：452）。将argumentation译为"论证"，亦即"用论据证明观点"，因而事实上将"证明"作为核心语义成分强加于语用-辩证理论框架内的argumentation概念，势必造成对该理论基本属性的误解。埃默伦反复强调语用-辩证理论"拓展版"提出的strategic maneuvering（机变）是在"标准版"规定的辩证互动规范规则框架内实行的灵活机动，国内流行的这一概念的译名"策略操控"却是一个带有明显负面色彩的汉语"对等词"，一举颠覆了"拓展版"自诩的伦理制约与道德内涵。

在翻译语用-辩证术语时孤立地考虑这些词语的概念意义而不是将它们与所隶属的整个理论话语一起通盘考虑，通过局部与整体之间相互参照捕获这些话语成分在一个总体框架内被赋予的意涵——这一倾向的暴露不能不使我们联想到一个与之不无类比关系，但存在于更大维度上因而造成更严重后果的问题，即：在引介语用-辩证理论时倾向于孤立地介绍其创建者所提供的描述、阐释及视角，忽略了同步关注该模式在其中萌发、成长及演变的那个话语环境。迄今为止，国内学界对语用-辩证理论的了解基本上是通过阅读埃默伦及其合作者相关著述的译文获得的。这意味着我们所接触到的大体上仅是该理论的自我表述或自我阐释，或者说仅是作为自家之言的一家之言。国内专门从事这一理论译介工作的一些学者固然也为相关译著提供了"导读"，或就自己的研究心得发表了论文，但仔细审视一下这些"导读"及论文，不难发现其中绝大多数不过是在该模式"官定"阐释框架内对其权威文本作出更通俗或详尽的说明、解释及论述。纵有个别论者在"导读"及论文的末尾提出该理论有待改进之处，这些行"理"如仪的批评意见所触及的也大多是语用-辩证理论的核心研究团队业已自行确认的不足之处及努力方向，谈不上是引进一个独立于该理论自我阐释框架之外而且真正具有批判性的视角。不管所引介的是哪一种理论，单纯介绍其创建者或倡导者的自我表述或阐述都必然达不到对该理论的全面、中肯、深刻的了解，而对以批判理性为观念基础、以"批判性讨论"为核心诉求的语用-辩证模式来说,采用这一路径更是直接违背了其理论初心,尤其有欠考虑。正如埃默伦及其合作者在已出版的经典阐述中明确指出并且反复强调的那样,语用-辩证理论融"关于论辩合理性的辩证观"和"关于论辩过程所涉语步的语用观"于一体,以波普尔提倡的批判理性主义及当代语用理论作为自己的两大观念基础。批判理性主义认为任何知识宣认(claims to knowledge)都不能通过提供证据或理由从正面得到证实、证明或确立,而只能反过来通过理性的批判、证伪、反驳对其加以诘验:只有经受住在规范制约下的系统批判、证伪、驳议的那些宣认、信念或理论(在遭遇新一轮证伪之前)才称得上是科学知识。正是从这一信条获得的理论灵感促使语用-辩证模式的创建者构想出关于"批判性讨论"的"理想模式",规定"对有争议的'立论'进行批判性辩诘"以消解意见分歧是判断论点是否具有"可接受性"的不二法门(van Eemeren and Houtlosser, 2007:54)。

体现于这一"理想模式"的核心理论可以归纳为:一切论点都必须通过"批判性讨论"的驳议及诘验消除由其引起的意见分歧后才可被接受。就此而言,语用-论辩本身作为一个后起理论模式提出的诸多见解独特的论点也概莫能外。这一理论模式的创建者固然在自我阐述中为在论辩研究领域采用语用-辩证路径的正确性、正当性及必要性提供了不少理由,但这一路径的批判理性主义观念底蕴决定了单单这样做并不足以在一个根本意义上为其赢得可接受性。要想真正确立语用-论辩作为一种理论的正确性、合理性或合用性,只能经过一个最终为其赢得论辩学术界"主体间认可"的诘验过程,或者说通过一场在论辩研究领域展开的关于该理论的"批判性讨论"。

二、国际论辩研究界围绕语用-辩证模式展开的批判性讨论

这场讨论其实早已开始,并且随着语用-辩证理论的强势崛起而愈发热烈。持其他观点的论辩学者在对该理论给予充分肯定的同时,也普遍认为这远非是一个已大体完善的模式。加拿大著名论辩理论家安东尼·布莱尔的一句话清楚地概括出其他学派在这个问题上所持的基本看法与态度:"就语用-辩证理论当前的形态而言,人们有可能从众多角度对其发难并且在事实上也已经对该理论提出了许多批评。"(Blair, 2012:285)布莱尔将针对语用-辩证模式的批评意见归纳为九个方面,这些方面所涉及的几乎都是跟观念基础、总体设计或深层结构相关的重大问题。

例如,波普尔的批判理性主义争议很大,在哲学界尤其受到求真认识论(veritistic epistemology)信奉者的质疑,语用-辩证模式的创建者却采用自己的观念基础,认定从正面提供支持性证据或理由以证明或证实一个论点(即所谓"证明主义"/justificationism)。这势必导致论证过程中出现无穷回归、循环论证或武断终止的情况,陷入所谓"明希豪森三重困境"(the Münchhausen trilemma)。然而在该模式的批评者看来,反倒是语用-辩证模式的倡导者因为服膺这一信念而使自己陷入了一个悖论式困境:试图用"明希豪森三重困境"作为理由以论证一个基于批评理性主义的新论辩理论的正当性及必要性,假如成功的话,反而证实了这一说辞经不起验证;要是失败了,则结果只能是语用-辩证模式本身无法令人信服。

又如,语用-辩证模式采用塞尔和奥斯汀的言语行为理论作为其另一个观念基础同样受到质疑。论辩并非单一的言语行为,而是众多言语行为构成的一个复合体(a whole complex of speech acts),将基于单一言语行为的经典言语行为理论应用于对论辩的研究,非对它作出改造及调适不可,而语用-辩证模式的创建者却并没有这么做。另外,对于这一理论模式的论述还引发了在其构设中究竟是否有必要牵涉言语行为理论的疑问。假如要对论辩互动中说出的某句话进行言语行为分析,

首先必须分析其话语功能,而一旦话语功能得到确定,将这句话的表达归为这类或那类言语行为就变得多余了。

再如,语用-辩证模式认为论辩的目的归根结底是消弭意见分歧,这一认识也引发不少争议。批评者普遍认为除了消除意见分歧,论辩还服务于诸如探究、审议等其他不能被纳入"消除意见分歧"范畴的目的。语用-辩证模式涵盖的谬误理论也遭到来自三个不同方向的诘难。一些学者认为论辩中出现的谬误并非如该模式所认定的那样全然是辩证(即违反互动规范造成的)问题,也可能还包括逻辑或认识论问题。另一些学者不赞成将辩证互动过程中发生的不当行为都视为谬误,认为这样做将使"谬误"这个概念被拉伸到看不出原来的形状。还有学者主张论辩互动中之所以产生谬误是因为论辩者非法切换了对话类型,并非如该模式所认定的那样,是违反批判性讨论规则的结果。

此外,语用-辩证理论认为论辩过程由对立、启动、论辩及终结四个阶段依次串联而成,这一基本观点同样招致许多批评。批评者中有人认为四阶段论或许完全不正确或者只见于某一种类型的论辩,有人虽然同意论辩过程可以被明确区分出几个阶段,却不认可该模式提出的那四个阶段。同样受到质疑的还包括这一理论模式提出的用以规范批判性讨论的 10 条准则或"戒律"。不少论辩学者指出不管是对这些准则中每一条的必要性还是对十条准则合起来所具有的充分性,该理论的创建者都没有加以论证。10 条"戒律"并非在逻辑上完全独立,其中某些条规可以看得出是从其他规则衍推出来的,但相关理论表述中并没有对基本准则和派生准则加以区分(Blair,2012:285—288)。

从以上列举的诘难,我们就不难看出其对语用-辩证理论的批评意见的广度及深度。事实上,布莱尔的意见综述还存在不少遗漏。埃默伦自己曾发表一篇题为"热议中的语用-辩证理论"(The Pragma-Dialectical Theory Under Discussion)的文章,集中回应了对该理论的批评意见。在那篇文章中,他将这些意见归纳为"辩证及语用维度""理论的范围""修辞维度及道义品质""对谬误的论述"及"认识维度"(the epistemic dimension)等五大类(van Eemeren, 2012:439),其中有不少超越了布莱尔上文的内容。例如,关于该模式的辩证及语用维度,德国哲学家、"汉堡论辩理论研究团组"创始人 H. Wohlrapp 认为语用-辩证理论"既不够辩证也不够语用",谈不上是两者的融合,而美国论辩学家 M. Finocchiaro 则认为这一路径"将所有论辩都视为克服某种形式的怀疑或批评的手段"因而"过度辩证化"(van Eemeren, 2012:443)。又如,针对该模式的"修辞维度及道义品质",美国修辞研究学者 M. Gerber 认为语用-辩证模式所采取的"理性主义"路径以是否"达到言说者确定的目标"为判断论辩优劣的标准,使它就方法而言"存在着(鼓吹"反民主目标"等)道德风险"。另一位美国学者 D. A. Frank 则从修辞实践是公民社会的基石,因而(理应归入修辞范畴的)论辩在本质上是一种"道德行为"——这一前提出发,认定语用-辩证理论"对修辞传统持有的敌对态度"使得它所设定的论辩谈不上具有真正的道德内涵(van Eemeren, 2012:446)。

面对这些非同小可的批评意见,埃默伦在文中采用了不同策略予以回应。他指出质疑者几乎毫无例外地都是以他们自己笃信的论辩观作为批判语用-辩证理论的出发点及参照点。他们中一些人将 argumentation 和 argument 视为同义词,倾向于比语用-辩证学派或更为宽泛或更为狭隘地理解 argumentation 这一词语的概念。语用-论辩理论之所以引发这么多批评意见,关键的原因就是不同学派采用的基本出发点或赋予基本概念的内涵各不相同。埃默伦还进一步指出"对语用-辩证路径的批评通常都是基于对该理论的误解""有些解读的的确确背离了语用-辩证理论家的意旨",批评者还经常在"对整个理论体系中跟自己所批评的要点相关的其他部分一无所知"的情况下就发表意见。从这两个前提出发,他对批评者加以筛选,对其中包括布莱尔在内的不少学者及批评意见或一言带过["不幸的是,我实在不明白后面这一点究竟涉及什么,又怎样影响到语用-辩证观"(van Eemeren, 2012:444)]或不予置评,只对他遴选出的某些质疑或诘难作出实质性回应。而对被选中的诘难,埃默伦在回应中也予以区别对待。

不少学者指出,论辩除了语用-辩证模式认可的消解意见分歧之外还行使其他很多功能。埃默伦先肯定这些学者的看法"当然正确",旋即指出"问题在于其他功能在多大程度上应被论辩理论考虑在内……(除了消解分歧之外)所追求的其他目标究竟是否内在于论辩,是否共同推进了论辩,还是跟论辩或许只存在着某些附带关联",从而间接重申语用-辩证理论对论辩旨在消解分歧的强调并没有错。一些提倡基于合作而非竞争的"聚合性论辩"(coalescent arguing)的学者希望语用-辩证理论为其"批判性讨论"设定的总体论辩氛围(climate)应该是合作性而非竞争性的,也就是说应考虑改变"质疑""诘问""辩驳"等言语行为造成的论争、对抗及威胁态势。埃默伦的回应可谓直截了当:"不客气地说,这种非此即彼的二分法跟语用-辩证理论的观点,即意见分歧的消解在原则上应同时涉及两者,是完全背道而驰"(van Eemeren, 2012:444)。对于诸如著名逻辑学家约翰·伍兹(John Woods)等少数批评者,埃默伦的反馈则更认真细致。

伍兹指责语用-辩证模式以是否违反辩证互动规范作为判断谬误的准绳,从而将性质大不相同的一些逻辑谬误根据它们对某一批判性讨论准则的偏离归入具有同质性的一个类别。他还反对该模式将谬误视为一个具有"理论依变性"(theory-dependent)的概念,并由此认定不同理论视角将生成不同谬误。对于前一个指责,埃默伦提请伍兹注意语用-辩证理论固然是根据所违反的是哪一条批判性讨论准则对谬误重加组合,但在这么做的时候已经清楚说明被归入同一组别的谬误"以不同方式违反了同一条准则",实际上并没有抹去它们之间的区别,使之同质化。针对后一个指责,埃默伦重申了自己的"语用-辩证观点",即"关于论辩的理论视角使人们得以识别出那些阻挠(论辩者)按(论点的)是非曲直消解意见分歧的进程的各种障碍,因此,只有借助这样一个视角我们才能查寻出不同类型的谬误"(van Eemeren, 2012:448)。

尽管埃默伦在这场"批判性讨论"中并没有明确收回自己的任何观点,但他就批评意见作出的某些澄清其实已经包含了对自己原持理论立场的调整及修正。例如,不少论辩学者认为语用-辩证模式在哲学层面所持的反"证明主义"立场意味着它不允许或不赞成论辩者提出支持性理由从正面捍卫自己的观点。埃默伦将这一看法指斥为对语用-辩证模式的一个"基本误解",理由是他和合作者从一开始就在自己论述中包括了"正向和反向论理"(pro and con argument),分别用于确立和驳倒一个立论。他们之所以抵斥"证明主义",是因为无法接受它所包含的"论点的合理性可以得到终极证明"的设定[(the assumption that) standpoints can be legitimated definitively],并非意在排除举证的正当性。对他们来说,任何论辩理论都是关于运用理据并通过合规的讨论使他人确信原来不无争议的立论具有可接受性的论述。在实践中,论辩者"所用的前提,以及所提出的论据具有的援证(justificatory)力或辩斥(refutatory)力",都必须既有消解意见分歧也有赢得论辩各方主体间共识的效力(van Eemeren, 2012:451—452)。这一"基本误解"说可能难以使语用-辩证模式的批评者心悦诚服,毕竟,埃默伦及其合作者曾多次公开地毫无保留地接受认定正面举证势必导致论辩陷入"明希豪森三重困境"的批判理性主义基本立场(如 van Eemeren, 2010:31),并反复强调通过"质疑和批评验证理论是否站得住脚"是"批判性讨论"的要旨。其自我辩解将正向与反向、确立与驳倒、援证与辩斥并举并重，倒更像是面对批评压力，在"误解"指控的掩护下对自己原持立场悄然作出调整与修正。

三、语用-辩证模式与修辞的论辩观——融合之途阻且长

事实上，这种修正贯穿于语用-辩证模式的整个发展过程，其中最引人瞩目的莫过于从完全排斥修辞的论辩观，仅以辩证"合理性"为追求目标到纳入修辞要素，将同时追求辩证"合理性"及修辞"有效性"树立为论辩旨归的立场转换。正是这一转换导致了语用-辩证模式从"标准版"过渡到"拓展版"，实现了对该理论自我完善至关重要的一次华丽转身。关于这一调整的实质，以论辩为主要研究方向的著名修辞学家克里斯托弗·廷德尔教授的一句话使我们注意到两种大不相同的看法："在过去 15 年，该理论经历了一次重大修正（a major revision），或按照［理论创建者］的说法，实现了在原基础上的'拓展'（extension）。"(Tindale, 2012: 364) 廷代尔赞成的显然是前一种提法，在他看来，"尽管不完全是拐了个'回头弯'（While not exactly a U-turn），其'拓展版'无疑是对（原）语用-辩证理论模式作出的一个非同小可的调整（a major adjustment）"(Tindale, 2012: 365)。然而，究竟是"重大修正"抑或仅仅是"原版"的有限"拓展"，情况似乎并不完全明朗。

论辩研究的修辞视角，尤其是帕尔曼以"新修辞"名义提出的论辩理论，在语用-辩证模式"标准版"的构筑过程中一直遭到其创建者的批驳与贬抑，被用作负面反衬以烘托出新模式的正确性。在埃默伦及其合作者看来，"新修辞"论辩理论无非"是将可用于说服受众的那些论辩出发点或论辩套路按其类型加以盘点"，"所区分出的各类型范畴既没有得到清晰界定，彼此也未能互斥，……使得人们无法将该理论明确无误地应用于对论辩的分析"。这一理论"尽管也将论辩的正确性跟批判者的理性评估关联起来，但这种评估是由受众做出的，也就是说，论辩假如针对预设的受众获得成功，就是确当的"。语用-辩证理论家将对受众的赋权斥为"某种符合用于衡量合理性的人类学标准的修辞观念"或"社会学指向的路径"（sociologically oriented approach），认为采取这一路径势必造成"在一个案例中被判定为正确的论辩方式在其他案例中未必如此，是否具有正确性取决于负责评估的受众采用的尺度"的严重后果，因而"带有极端的相对性"(van Eemeren & Grootendorst, 1995: 122—124)。这些评价清晰地表明：按照语用-辩证模式创建者的观察，"新修辞"论辩理论不仅概念结构松散、逻辑有失严谨，而且由于主张论辩的确当性以受众为转移，反对超越语境的评估标准，在事实上采取了"极端相对主义"立场。而作为"新修辞"的批判者和对立面，语用-辩证模式所坚持和倡导的当然是一个体现着逻辑性、理性及普世性的新论辩理论体系。

语用-辩证模式对修辞论辩理论的这一基本判断甚至在它过渡到"辩证合理性"与"修辞有效性"并重的"拓展版"之后仍未见根本性变化。在埃默伦的近著中，"新修辞"的功效依然被视为不过是"将受众观念再度引进论辩理论并提供了一份有效论辩技巧的清单"，其"主要贡献一向都是将论辩重置于一个必须诉诸某些受众的争议性语境"。如果说"修辞一向都被认为是反理性的或者说是对理性这一理想的背离，当代修辞理论更是以一种引人注目的方式淡化了修辞学和辩证学——即关于有效说服技巧的研究和对合理性、理性及贴近真理等理想长期不懈的追求之间的刚性区别（hard distinction）"(van Eemeren, 2015: 9)。由于这一区别以及其他类似的"刚性区别"——随着"大修辞"概念的当代复兴而遭到淡化，埃默伦觉得修辞作为一个领域"水分越来越多，……似乎无所不包，因此实际上是一个空洞学科"(汪建峰, 2019: 22)。出于这一总体观察，埃默伦认定在论辩研究领域还是存在着两个"反映了不同哲学视角"的对立立场："人

类学-相对主义者"认为有关论理"可接受性"的裁决应"遵照论辩发生于其中的那个文化社群绝大多数成员认可的标准";"批判理性主义者"则认为这一裁决的依据应是"可以导致解决争议并且各方都可以接受的规则"(van Eemeren,2015:91)。这里提及的"人类学-相对主义者"及"批判理性主义者"无疑分别是以帕尔曼为代表的修辞论辩理论家和以埃默伦为代表的语用-辩证理论家,而"导致解决争议并且各方都可以接受"的规则指的当然是后者总结出的辩证互动规范。如果这两大学派的基础观念及指导原则对立依旧,语用-辩证模式的"拓展版"又是怎么回事呢?

语用-辩证理论权威论述中有关该模式自我"拓展"的一些提法,如"在追求修辞有效性的同时保持辩证的合理性""辩证和修辞互以对方为生存条件,论辩理论的未来有赖于两者的建设性整合"(van Emeren,2015:23,238)等,给人的新模式是辩证与修辞的完美平衡及对等融合的深刻印象。然而,在相同或邻近的上下文中,人们不难发现与这一印象并不相符的其他阐述,如"语用-辩证分析法"是在"专注于论辩话语的辩证层面"的同时"吸收了某些修辞考虑,使自己用于重构论辩话语的工具得到加强"(van Eemeren & Houtlosser,2007:57),或"我们所赞许的那种修辞与辩证分析法的结合实际上是在一个辩证分析框架内对修辞因素的系统整合"(van Eemeren,2015:353)。这些描述,以及上文重申的两个"哲学"立场的持续对立、修辞与辩证之间的"刚性区别",都表明"拓展版"貌似将修辞与辩证并举,其实不过是"原版"对"某些修辞因素"的工具性挪用及吸纳。对"辩证合理性"的原初界定并未出于与修辞"融合"的需要而做了必要修正,论辩者使自己的观点胜出的修辞意图只能在严格遵循批判性讨论规范的前提下得到执行。因而,推出"拓展版"的一个深层次意图可能是语用-辩证理论创建者早就在其修辞批判中提出过的建议,即"新修辞"应通过"与语用-辩证理论富有成果的融合"将自己改造为一个"新辩证理论"(van Eemeren & Grootendorst,1995:132)。

或许正是因为感受到埃默伦及其合作者对待修辞这一始终不变的基本态度,从事论辩研究的修辞学家从一开始就参与了学术界关于语用-辩证理论的批判性讨论,而且在该模式推出"拓展版"之后仍未停止他们的诘难。在"标准版"的确立、完善过程中,著名修辞学家 James Crosswhite 全面批驳了埃默伦及其合作者对帕尔曼"新修辞"论辩理论的抨击,指责他们所提出的"替代方案"不仅对帕尔曼理论的阐释及表述错得离谱,而且作为一个哲学理论"具有严重的局限性","在许多意义上是研究论辩推理的一个非理性路径",即便其中不无可取之处,也谈不上有什么创意(James Crosswhite,1995:134),但这些亮点也早已体现于帕尔曼的修辞理论。例如,语用-辩证理论将谬误重新界定为对批判性讨论准则的违背,但却对这些准则的来源不置一词。假如准则的合法性源于受众的接受,那么通过论辩使受众接受这些准则不啻对修辞的回归。假如这些准则是否合法无须经由受众判断,完全由该理论自行确定并强加给受众,则这样的理论根本就无法用来解释合理性在人类事务中的各种局部表现形式(James Crosswhite,1995:143)。修辞理论家 Eugene Garver 同样从哲理高度对语用-辩证模式提出了一系列诘问,如人们在发言时经常只想被听闻,只是为了实现自我表达或创建自己的社群身份等。这种纯表达性的话语无疑被纳入修辞的理论视域,但是否得到语用-辩证模式的关注?又如,该模式的创建者"将一个修辞与辩证考量完全割裂开来的认识当成理所当然","似乎认为修辞意图及效果一目了然,所需要的就是使之服从辩证判断"。他们是否认真思考过"遵循辩证所要求的合理性及交际规范跟旨在为自己、自己的委托人、自己所支持的某一方或某一政策赢得胜利之间究竟存在着什么关系"(Garver,2000:307—308)?

这些诘问虽然大都没有得到直接回应,却

显然促成了对"标准版"的改造。在随后推出的"拓展版"展示中,"修辞与辩证考量"不再被"割裂","合理性"与"有效性"之间的冲突通过"机变"(strategic maneuvering)这一新机制及其三大切入点即"潜在话题""受众要求""呈现手段"的设立而得到调和。尽管如此,"新版"在理论上作出的调整还是难以令修辞学界感到满意,而修辞学家的意见最为集中的莫过于埃默伦及其合作者对修辞欲拒还迎的态度。廷德尔就系统阐释"拓展版"的专著 *Strategic Maneuvering in Argumentative Discourse*（van Eemeren, 2010）发表的书评中的一段话将这一意见的尖锐性表达得淋漓尽致：

> 我们可以对这一理论究竟在多大程度上是一种创新提出质疑：有必要一而再、再而三地用新辞令来包装既有观念吗？正如可以在书中频繁观察到的那样,其"原创"大多仅涉及表达及命名,而非实质内容。……["新修辞"就论辩技巧早已提出由三个概念即选择(choice)、契合(communion)及现前(presence)组合成的一个阐释框架],如今我们有了潜在话题(topical potential)、受众要求(audience demand)及呈现手段(presentational device)这一组新词语。人们感到不解的是我们在多大程度上真正需要新术语来表达此前业已被提出的概念。……此外,机变说据称只是有选择地从修辞理论中收纳了一些要点,但书中的一些阐述及讨论与此相互矛盾。从头到尾,这部书的读者始终看不明白修辞(学说)究竟有哪一部分不曾被（关于机变的分析）收编了。(Tindale, 2012：369—370)

廷德尔评论的最后一点指的是在修辞学家看来,语用-辩证模式的倡导者应用"机变"理论分析现实生活中具体论辩事件时往往不由自主地调动、应用了所有传统修辞批评资源,并非仅将个别修辞洞见吸纳到一个全新的阐释机制(Fahnestock, 2009)。也就是说,语用-辩证理论作为一个理想模式所具有的局限性决定了它自身提供的观念及方法资源不足以对真实论辩事件做出完整、中肯、深入的分析,而只能全面借助修辞来完成这种分析,却又不肯承认这一事实。此外,修辞学界还将批评的锋芒指向该模式的其他问题。如"机变"概念尽管也包含了"受众要求"这一构成成分,但其主要关注仍为论辩者,"忽略了对受众而言十分重要的许多方面";模式所坚持的论辩规范及准则具有"单一文化属性",谈不上是"所有受众都毫无疑义应予遵守的规范",难以"为文化间对话提供一个完善的规范基础"等(Tindale, 2015：19, 204)。著名论辩学者 David Zarefsky 更针锋相对地指出："在修辞视域中,论辩可以被描述为在具有不确定性的条件下论证相关具有确当性的实践"——绝非如语用-辩证理论所设定的那样,是在确定无疑的辩证规则框架内根据论点本身的是非曲直消弭正反双方歧见的努力。语用-辩证理论尽管"给人们带来在逻辑与修辞之间找到平衡点的希望,但这一希望只在批判性讨论这一非典型且往往与真实情况相违背的语境中才得以实现"(Zarefsky, 2014：xvi, 130)。这些意见无不表明"拓展版"的"修辞转向"远未能消除与修辞的深度分歧。这些分歧何去何从,将取决于两个理论阵营之间业已进行多时的批判性讨论接下来的发展。

四、抵抗、诘验与理论引进

任何理论的发展都必然是一个动态过程,而对这一发展过程发挥着关键影响的因素莫过于相关学术部门围绕着对该理论的评价、接纳或抵制而持续进行的批判性讨论。因此,就了解一个理论而言,单纯听其创建者的"独白"或者说仅专注于阅读其经典"自述",而不同时了解那些影响、限定甚至形塑其发展过程的"对白"尤其是"他述",很难获得真知灼见。而当涉及的是一个像语用-辩证模式这样脱离了其发源语境的"游方理论",而且关注的目的不是单纯的"了解"而是为我所用的"引介"时,情况又复杂得多。爱德华·萨义德在其经典论文"旅行理论"(Travelling Theory)中早就指出流入一个新"文化、智力时空"的理论或观念要想在其中赢得一个"位置"并发挥"新作用",必然要通过一个跟它在原初语境中的经历大不相同的"表征及机构化过程",在遭遇并克服各种"抵抗"的同时满足新语境对移植过来的异己理论的"接受条件"。在这一过程中,"抵抗无可避免地是接受的一个组成部分"(Said,1983:226—227)。也就是说,一个"旅行理论"假如不是在经受顽强抵抗后才被接受,而是一开始就被不加批判地全盘接纳,将难以在一个新的文化或智力环境中真正立足并实实在在发挥作用,而注定只是一位匆匆来去的"过客"。

这一见解与语用-辩证模式所提倡的批判理性主义精神异曲同工,都指明对于一个新理论,包括质疑、诘难、证伪等言语行为在内的"抵抗"是验证及接受其合理性及适用性的必由之路,而萨义德的洞察由于涉及跨越时空的"理论旅行",而非仅将目光局限在具有"单一文化属性"的语境内,与本文所讨论的问题更加契合。对于像语用-辩证模式这样一个寻求在中国学术语境中"旅居"乃至"定居"并指引中国论辩研究领域发展方向的外来理论,中国相关学者当仁不让的责任必定是先充分了解它在其原初语境中经历的"表征及机构化过程"——也就是欧美相关学界围绕着它开展的批判性讨论,进而侧身于这一讨论,并以此为契机启动中国学术话语对该模式通过抵抗达至接受的融合过程。鉴于语用-辩证理论在其原初语境中与批评者的互动远未达到"终结"阶段,一旦我们采取了质疑、抵抗而不是盲目崇仰全盘接受的态度,不难独立地观察到它尚未被正视的某些理论软肋,从而提出有棱角有深度并且真正有助于语用-辩证理论自我完善的问题。

例如,语用-辩证模式提出了10条著名准则作为批判性讨论的具体规范(见 van Eemeren,2010:7—8)。尽管已有批评者对这些守则提出诘难,但尚且没有人注意到其中不少准则的准确理解,更不用说具体实施其实是一道几乎无解的难题。第四条即"相关准则"规定"不能通过非论辩手段(non-argumentation)或与论点不相干的论辩手段为论点辩护",但正如连埃默伦自己也意识到的那样,其他学派的论辩学者都"倾向于比语用-辩证学派或更为宽泛或更为狭隘地理解argumentation这一概念"(见上文),一般的论辩参与者就更不用说了。而相关性作为一个概念的模糊性,其具体应用的争议性是众所周知的。那么,在实际上发生的批判性讨论中,什么是论辩手段,什么不是论辩手段,是否与论点相干又该如何判定?第五条即"暗含前提准则"规定"讨论参与者不得无中生有地(falsely)将暗含前提归咎给另一方,也不得推卸对自己所用暗含前提应负的责任"。这里的"暗含前提"既然是没有明确表达的陈述,只能通过推断或推测加以显化,考虑到语言形构和语义之间典型地存在着非线性关系,基于阐释性推断的"无中生有"或"不负责任"指责必然难以为受指责方接受。在批判性讨论仅涉及享有平等认知地位的正、反双方的情况下,一旦这种阐释或认知争议出现了,又该如何处理?第九条即"结论准则"规定"对论点的辩护假如不具决定性(indecisive),就不得坚持所涉论点,如已具决定性则不得坚持对所涉论点存疑"。然而,"是否具有决定性"本身又该由谁并且怎样作出决定呢?以上提及的这几条规范准则不仅难以施行,其表述实际上还都违反了规范第十条即"语言使用准则"关于"讨论参与者不得使用不够清晰或含混模棱的表达方式"的戒敕。

又如,语用-辩证理论"拓展版"的创建者在意识到对辩证合理性和修辞有效性的追求之间存在着"张力"甚至"冲突"的同时,坚信"机变"的采用将能有效地消除这种张力,使得同时追求并实现两个目标成为可能。做到两者并行不悖的前提是"论辩者使己方观点胜出的企图只能在遵循规范批判性讨论的前提下实行,在追求对自己而言是最理想的修辞效果的同时"必须坚持做到以"机变"的名义采用的各种策略都"受讨论各个阶段的辩证目标的制约"(van Eemeren & Houtlosser, 2007: 53—54)。这一信念有两个核心设定：其一，辩证及修辞追求之间的矛盾可以经由"机变"机制的采用而得到调和；其二，"机变"策略可以在辩证规范的框架内有效施行，不至于由于其常态性采用而造成对规则的"脱轨"及"谬误"的产生。这两个设定是否站得住脚仍然存疑，至少"拓展版"提供的相关阐述尚且难以使人信服。

以"潜在话题"这一机变策略在论辩过程"对立"阶段的应用为例。根据埃默伦及其合作者的说法，论辩者通过"最有效地选取可用于讨论的潜在话题"将能够"按照己方的喜好界定对立点"并"限制分歧空间"(van Eemeren & Houtlosser, 2007: 59)——也就是说，将能根据有利于己方观点胜出的要求对批判性讨论所涉争议的性质及所允许的讨论范围先行加以限定或限制。问题是：假如一方通过策略性"手脚"的成功应用，将本该基于光明正大平等协商的议程设置按照己方胜出的需要加以偏转扭曲（而且显然还不被对方觉察），这样做究竟与辩证规范所着眼的"合理合规性"（reasonableness）理想是否相洽？而"限制分歧空间"跟十大规范准则的第一条即"自由准则"中有关"讨论参与者不得妨碍对方提出观点"的规定是否在实质上存在着难以调和的冲突？

同样的问题也出现在语用-辩证理论称之为"呈现手段"的另一类机变策略的应用。这类手段的典型代表是修辞格，而在可作为机变手法被用于实现论辩目的的辞格中，praeteritio 即"假省"或"伪默"尤其受到语用-辩证学派的推介与强调（van Eemeren & Houtlosser, 2007: 59; Henkemans, 2009; van Eemeren, 2010: 121）。该学派成员 A. F. S. Henkemans（汉克门斯）专门为此撰写了一篇题为 Manoeuvring Strategically with Praeteritio 的论文，详细论述这一辞格如何被用作机变机制中的呈现手段。该论文是埃默伦为了介绍语用-辩证理论与修辞论辩理论之间的关系而专门向中国修辞学界推荐的三篇论文之一，被译成中文并以"在论辩话语中的机变意义"为题在《当代修辞学》上发表。汉克门斯（2020）在文中指出"假省的主要特点是说话人宣称他要略而不讲的内容，还是被他以某种方式提及了"。她不讳言这一辞格的应用意味着论辩者"声称在做的事"与"实际做的事"相互矛盾，而且这种矛盾又被技巧性地加以"掩饰"或"掩盖"，却依然认为"广而言之，（该辞格）可能用作违反批判性讨论规则而侥幸逃脱的一种方法"，或者说其应用是"逃避举证责任"而又不造成"脱轨"的一种手段。只不过是，按照她的这些说法，假省完全不适合被用作受辩证讨论规范严格制约的"呈现手段"。这是因为"违反规则而侥幸逃脱"根本就与批判性讨论的伦理内涵和规范框架不相容，而且"逃避举证责任"即便不是在字面上至少也在精神实质上违背了十大准则第二条"辩护责任准则"的规定，即"假如有要求的话，讨论参与者必须为自己提出的论点辩护"。一旦参与讨论的一方通过"伪默"的障眼法阻止对方就自己理当承担的举证责任提出要求，批判性讨论即刻"脱轨"。如果将这一手法称为"机变"并加以合法化，则整个语用-辩证模式作为一个理想主义色彩浓厚的论辩理论所标榜的理性诉求和交际伦理标准必然从根本上产生动摇。

谈及语用-辩证理论的理想主义内蕴，不能不谈到我国修辞研究界其实早已就批评性讨论十大规范准则提出过的另一质疑："如果这些戒律得到不折不扣的执行，则一切基于不平等权力关系的话语暴力将被消除。问题是，当论辩被当作解决价值、利益或利害冲突的手段，尤其是当所涉利害关系非同小可的时候，人们是否能按照这些要求办？例如，当涉及政治利益或意识形态取向造成的意见冲突时，人们是否能以翩翩君子的风度，收回自己无法辩解的观点，或者接受对方讲得通的立场？"（刘亚猛，2008: 311）埃默伦推荐的三篇论文中的第二篇既被他用作语用-辩证模式实际应用于分析现实政治论辩话语的范例，也可以被看成是对上述质疑的一种回应。这篇题为"在多元中实现团结：论欧洲议会辩论作为一种论辩活动类型"的文章旨在通过对欧洲议会日常工作程序的观察与评介，从"语用论辩理论的路径探讨政治论辩话语的策略性操控"。然而，读者从中得到的强烈印象却与这一题旨相去甚远：甚至是纳入"机变"机制的语用-辩证理论"拓展版"也并不适用于对类似"欧洲议会"发言这样的政治话语的分析。据文中介绍（埃默伦，卡森，2020），议员的发言仅受到议会这一机构性语境为了维持良好会议秩序而制定的议事规则的制约——语用-辩证模式总结的批判性讨论规范准则似乎并无用武之地。议员在限定的时间内依次发言且每人仅有一次发言机会。这样一来，由于"辩论的结构基本是独白式的""几乎不存在任何余地能够对某个问题进行直接的互动和回应"，不仅批判性讨论所要求的质疑、诘难及回应几乎完全不可能，从发言过程区分出"对立、启动、论辩及终结"这四个程序步骤即使不是完全行不通，也极为勉强。而且在"一般情况下，不参与互动和身份多样的听众却是他们事实上的主要受众"，不管受众的态度如何，他们和发言人之间更无任何直接互动可言。这一情况完全背离了语用-辩证模式对于对话式辩证互动的强调。

最为重要的是，文章的介绍表明欧洲议会的机构性安排尽管允许不同意见发表，却"由于团体内部地区利益、国家党派利益和其他利益方面存在的多样性，很难达成一致立场"。议会根据议员在各自国家中所属党派的基本政治立场，将他们分为7个党团，各党团就每个议题按照自己的政治取向向其议员"下达（应如何投票的）指示"，但按照超越国界的政治意识形态或党派利益投票已经注定歧见难以被克服，同一党团的成员如果"所在国利益受到威胁"，如果他们"感觉自己的国家无法从新的立法中真正获利甚至利益受损"，则不管党团如何指示，也不管其他议员的发言是否在理，他们都"可能对团体决定提出反对意见"："议会全体辩论不过是用来为各议员（或议员团体）的投票选择提供合理正当理由"的场合而已。假如"利益"而非"按照（论点的）是非曲直"决定了这种"议会辩论"将如何"终结"，则批判性讨论规范第九条"结论准则"（见上文）在这一场合几乎谈不上被遵从。可见倡导以理性、规范的论辩互动消弭意见分歧的语用-辩证模式被用于分析欧洲议会利益驱动的独白式"辩论"只能是理论的生搬硬套。

仅从该文的描述，读者就不难看出欧洲议会的议事进程其实是一个极为典型的政治修辞案例，而运用修辞的批评常规及理论资源来分析这类进程可谓得心应手、事半功倍。事实上，文中凡具有洞察力的局部观察与分析无不是作者以"机变"的名义挪用不受辩证规范限制的修辞阐释手段的结果。就此而言，语用-辩证模式推出"拓展版"的最终结果或许不是"新修辞"被改造成"新辩证理论"，而更可能是该模式在对实用性、适用性的追求过程中通过与修辞富有成果的融合，逐步摆脱理想主义的一厢情愿，将自己改造为足以分析现实生活中发生的真实论辩事件的"语用-修辞"理论。当然，这一预测是否准确，以及上文在理论引进的语境中对语用-辩证理论提出的诘问与驳议是否确当，都有待于与该理论倡导者及追随者的进一步批判性互动。但不管这一互动是否发生，在多大程度上有助于消除语用-辩证路径与其他路径的意见分歧，中国学者对该模式的批判性审视都将是践行它本身提倡的批判理性主义的实际行动，是出于在中国学术话语中接受这一外来理论的真诚用心而进行的必要抵抗，也是该理论为了"移居"到一个陌生语境所必须经历的新"表征及机构化"过程的开场锣鼓。

之所以说是"开场锣鼓"，当然是因为在中国语境中的这一"表征及机构化"过程是否能顺利进行归根结底取决于语用-辩证模式能否克服上文提及的"单一文化属性"，能否通过以"理论旅行"为目的的自我改造，在顺应所在地论辩文化环境的同时为丰富和发展其论辩实践提供真正管用的理论灵感、分析工具及其他话语资源。这一着眼于实际效用的本地化过程在更大程度上将依赖语用-辩证模式的中国引介者及实践者的主动性及首创精神,而非其创建者在原初语境中对标准版本的持续迭代更新。以埃默伦教授推荐的第三篇论文为例。这篇题为《从"语用-辩证学派"看现代论辩理论与亚里士多德的渊源》的论文区分了当代修辞学者和当代论辩学者对待论辩研究领域"历史遗产"的两种截然不同的方法及态度,认为前者倾向于采取一种本质主义的"历史驱动"态度,试图和本领域古典理论家建立尽可能紧密的联系并从古代经典中为自己的研究方法求得合法性;而后者采取的则是与此大异其趣的实用主义的"理论驱动"态度,"在分析、评价论辩话语时,从古典资源中选取与他们处理当前问题的理论方法相匹配的那些内容,甚至在必要情况下,不惜对这些内容做些手脚来迁就自己的路子"(埃默伦,2020)。

这种二元对立式的区分,以及文中不少明显是出于支持辩证路径的需要而"做了手脚"的历史阐释(如"'辩证'一词在古代有多个含义,但亚氏仅用它来指代确定某一观点能否被接受的批判性对话"),都必将随着译文的发表而受到中国相关领域学者的质疑。然而,中国学者的批判性反应不应该止步于对文中观点的诘问,而应该进一步就当代西方论辩理论家何以都对古典时期的"历史遗产"这么重视以及他们如何整理并利用这些遗产,提出问题并反躬自省,认真思考一下中国当代论辩理论的发展是否也应该注重整理及利用自己的"国故",这种整理究竟应该是"历史驱动""理论驱动"还是由其他考虑引领。通过语用-论辩理论的译介生成将可能促成中国本土论辩研究发生范式转换的地方化问题,这或许才是我们引进语用-辩证理论的真正价值之所在,也是我们最可能有所作为的努力方向。

由语用-辩证理论引发的这些反思,应该也有助于我们发现并解决引进其他"旅行理论"时遭遇的问题。

[参考文献]

埃默伦,2020.从"语用—辩证学派"看现代论辩理论与亚里士多德的渊源[J].秦亚勋,译.当代修辞学(4).

埃默伦,卡森,2020.在多元中实现团结:论欧洲议会辩论作为一种论辩活动类型[J].陈小慰,译.当代修辞学(4).

陈波,2017.《逻辑学研究》栏目主持人语[J].湖北大学学报(哲学社会科学版)(5).

范爱默伦,2017.语用论辩学:一种论证理论[J].湖北大学学报(哲学社会科学版)(5).

汉克门斯,2020.假省在论辩话语中的机变意义[J].罗明安,袁影,译.当代修辞学(4).

刘亚猛,2008.西方修辞学史[M].北京:外语教学与研究出版社.

欧阳护华,金茹花,2016.首届中荷语用论辩学学术研讨会综述[J].逻辑学研究(3).

汪建峰,2019.介乎辩证理性与修辞有效性的论辩区间:弗朗斯·范·爱默伦教授访谈录[J].当代修辞学(1).

武宏志,2018. Pragma-dialectics:语用—辩证法,还是语用论辩学?[J].延安大学学报(社会科学版)(2).

武晓蓓,2018.批判性讨论:范爱默伦的批判性思维模型[J].文教资料(12).

Blair, J. Anthony, 2012. *Groundwork in the Theory of Argumentation*[M]. Dordrecht: Springer.

Crosswhite, James, 1995. Is there an audience for this argument? Fallacies, theories, and relativisms[J]. *Philosophy and Rhetoric*, 28(2): 134–145.

Eemeren, Frans H. van, Grootendorst, Rob, 1995. Perelman and the fallacies[J]. *Philosophy and Rhetoric*, 28(2): 122–133.

Eemeren, Frans H. van, Houtlosser, Peter, 2007. Kinship: the relationship between Johnston's theory of philosophical argument and the pragma-dialectical theory of argumentation[J]. *Philosophy and Rhetoric*, 40(1): 51–70.

Eemeren, Frans H. van, 2010. *Strategic aneuvering in Argumentative Discourse Extending the Pragma-Dialectical Theory of Argumentation*[M]. Amsterdam: John Benjamins.

Eemeren, Frans H. van, 2012. The pragma-dialectical theory under discussion[J]. *Argumentation*, 26: 439–457.

Eemeren, Frans H. van, 2015. *Resonableness and Effectiveness: 50 Contributions to the Development of Pragma-Dialectics*[M]. Cham: Springer International Switzerland.

Fahnestock, Jeanne, 2009. *Quid pro nobis*. Rhetorical stylistics for argument analysis[J]. In Frans H. van Eemeren ed. *Examining Argumentation in Context: Fifteen studies on strategic maneuvering*. Amsterdam: John Benjamins, 191–220.

Garver, Eugene, 2000. Comments on "rhetorical analysis

within a pragma-dialectical framework: the case of R. J. Reynolds."[J]. *Argumentation*, 14: 307-314.

Said, Edward W., 1983. *The Text, the World, the Critic* [M]. Cambridge: Harvard Unversity Press.

Tindale, Christopher W., 2012. Review of *Strategic Maneuvering in Argumentative Discourse: Extending the Pragma-dialectical Theory of Argumentation* by Frans H. van Eemeren [J]. *Informal Logic*, 32 (3): 364-372.

Tindale, Christopher W., 2015. *The Philosophy of Argument and Audience Reception* [M]. Cambridge: Cambridge Unversity Press.

Zarefsky, David, 2014. *Rhetorical Perspectives on Argumentation* [M]. Cham: Springer International.

辞屏建构的中非往来：《经济学人》中非关系报道话语分析*

鞠玉梅

(曲阜师范大学外国语学院，曲阜　273165)

摘　要　本文从"话语是建构社会现实的手段"这一观点出发，基于美国修辞学家肯尼斯·伯克的"辞屏"概念及其相关理论，分析英国《经济学人》杂志有关中非关系的报道话语，试图通过实证分析把握其就中非关系所构建的媒体现实和世界图景。研究发现，《经济学人》关于中非关系的报道通过话语修辞形成了一个内在互相勾连的辞屏，并在话语传播实践中形成了一定的辞屏效应，建构了反映报道者意识形态的关于中非往来的主观现实，并试图干扰受众对中非关系的正确判断，最终旨在影响态度和行为。文章最后据此提出了应对当今中国国际形象构建所面临的问题和挑战的策略建议。

关键词　辞屏　《经济学人》　中非关系报道　话语分析　媒体现实

一、引　言

近年来，中非合作实现了跨越式发展，中非关系吸引了全球多方关注，尤其是引起了西方国家的忧虑。西方主流媒体也时有对中非关系的报道，在很大程度上影响了国际世界对此的看法，因为"凭借西方国家的经济优势、语言优势以及对非的传统历史、文化优势，西方媒体在非洲舆论格局中一直占据主导地位"(李新峰，李玉洁，2018：6)。而英国作为老牌西方国家，其主流媒体具有不可替代的全球影响力。西方媒体有关中非关系的新闻报道和评论时常可见"新殖民主义""资源掠夺"等明显带倾向性的主观偏见，类似报道不但会影响媒体受众对中非关系的认识，更有可能改变中非关系的走向。媒体在引导大众认知事物与构建世界图景方面起着至关重要的作用已成为多个领域学界的共识，特别是在影响人们对陌生与遥远的世界的认知方面更为明显，因为人们在自己知之甚少的事物面前会本能地选择听取他人的意见。相比较于欧美以及日韩等亚洲国家，很多人对于非洲知之甚少。因此，媒体所塑造的非洲形象就构成了大多数

---

* 本文为曲阜师范大学人文社会科学交叉研究项目"政治话语的修辞叙事及其身份构建研究"(项目编号：xskjc201907)的阶段性成果。

人关于非洲的世界图景的重要信息来源。

媒体是有态度的,新闻话语是非中立的,因为话语是建构社会现实的手段而非对现实镜子式的反映。基于这一基本观点,本文拟对英国在全球颇有影响力的杂志《经济学人》(The Economist)有关中非关系报道的话语进行分析,试图通过实证分析把握其就中非关系所构建的媒体现实和世界图景,以期为国家进一步促进中非关系的良性发展提供参考。

二、理论框架:辞屏与辞屏分析

2.1 何谓"辞屏"?

"辞屏"①的英语原文为 terministic screen,又译"术语规范"(马景秀,2007)、"术语视界"(姚喜明,王慧敏,2009)、"术语屏"(邓志勇,2011,2016)、"术语视屏"(王志伟,2012)、"术语滤网"(时闻,刘润泽,魏向清,2019)等。它是20世纪美国新修辞学家肯尼斯·伯克(Kenneth Burke)创造的一个重要概念,也是其语言哲学思想必不可少的组成部分。根基于戏剧主义语言观,伯克用此概念强调超越语词的概念意义之外的联想意义,从语言构建现实的角度讨论语词与现实之间的关系,认为语词所形成的辞屏像一个滤网一样,对所谓的"原本现实"进行了过滤处理,从而为受众构筑了认知世界的"荧屏"般的视界。因此,它不可避免地是修辞性的,亦即具有修辞动机隐藏于其中。

2.2 辞屏的特征

辞屏具有选择性与遮蔽性、视角性与凸显性、框架性与导引性、动机性与劝说性的特点。

首先,语词是有选择性的;与此同时,也具有遮蔽性。辞屏概念来自伯克对摄影的观察,伯克说道:"当我谈到'辞屏'时,我想起来我曾见过的一些摄影。它们是同一物体的不同照片,其差别在于拍摄它们时,摄影师使用了不同的滤色镜。'呈现事实'的照片可以在特点,甚至在形式上,表现出明显的差异,[这]取决于摄影师使用了不同的滤色镜对所记录事件进行了纪录片式的描述。"(Burke,1989:115—116)由此观察,伯克得出人们交际时所使用的词语就像摄影者使用的滤镜(filter)一样,是一种"辞屏",即是一种镜头,唯有通过它,我们才能认识世界。镜头的作用是有选择地将受众的注意力引向所拍摄对象的某些特征。在选择的同时,它也不可避免地遮蔽,"词语对现实而言肯定是有选择性的,因此,它同时也是对现实的一种背离(deflection)"(Burke,1989:115)。一组用于描述一个对象、事件或人物的词语,自然地选择了某些要素,同时遮蔽了其他要素,即辞屏具有内在的选择和遮蔽功能。

其次,辞屏提供的是一种视角,具有凸显性。辞屏构成一个独特的观察世界与现实的途径与视角,因为它是一种媒介,因而其显现的并非原本的"现实"。不同语言符号的组合构筑起不同的"辞屏",使现实的某些特点和色彩得以凸显。从某种程度上来说,任何语言符号的使用都只不过是一个视角与另一个视角之间的竞争,其目的在于使自身所刻画的现实得到凸显,从而被人们当作真正的现实来接受。

再次,辞屏通过词语堆积的语篇建构的是一个虚拟的现实,为受众创造了一个"指称框架"(frame of reference),具有导引性。框架就是"一种态度、一种哲学"(Conrad,Macom,1995:21),它"把我们的注意力导向一个领域而不是另一个领域"(Burke,1989:116)。在辞屏的作用下,人们在毫无觉察的情况下,就被导向词语使用者所期望的地方去了,"它使我们以某种特定的方式去体验[世界]"(Burke,1968:143),不同的语言表达建构不同的世界。

最后,辞屏具有动机性与劝说性。辞屏显

---

① 此处"辞屏"的翻译选自刘亚猛《西方修辞学史》(外语教学与研究出版社2008年版)。

示说话者的动机,不同语言符号的组合构成不同的"荧屏",影响受话者的意识形态,发话者的动机体现在对语言符号的构筑中。语言使用显示使用者的态度和动机,"一切象征行为都跳跃着态度"(Burke,1989:79),亦即都具有劝说的意向性。

2.3 辞屏及其效应分析框架与步骤

基于以上关于辞屏特性的讨论,我们认为媒体话语是通过语言使用形成某种特定辞屏来建构现实的,因此,媒体所呈现的辞屏是其关于特定事件、现象或人物的意识形态写照,并且更重要的是据此为受众构筑一种观察世界的荧屏,受众通过它来了解所谓事情的"真相",并反过来影响事物的现实发展。中非关系是一个引起西方媒体关注的话题,西方媒体到底是如何看待这一问题的?我们认为对媒体文本的辞屏进行识别和分析是了解媒体意识形态倾向的重要手段。辞屏包裹着特定词语、习惯用语和刻板印象以支撑某一特定的阐释,并通过重复、替换等手段加强受众对这种阐释的接受,从而使其关于某一问题的价值观和意识形态成为一种自然而然的观点。

具体来说,分析可依据以下步骤进行。首先,分析媒体文本为受众构筑了何种"荧屏"式的视界,即形成了何种辞屏。通过分析文本的主题、关键词和互文性可发现文本辞屏建构的选择倾向性,主题可通过议题分析和主题提炼来获得,关键词及其搭配语境分析可借助语料库工具来完成,互文性可通过分析信源可信度即消息源来厘定。然后,分析媒体文本所构筑的世界图景产生的辞屏效应。可通过两步来分析,第一步从心理认知的角度阐释媒体文本刻意凸显了哪些事件或特质,以导引受众用特定的视角来看待问题,从而启动某种特定的关于该问题的心理认知;第二步分析被启动的认知的修辞效应,即如何实施修辞劝说与敦促行为,可结合文本发生时的宏观背景和具体情境分析辞屏效应产生的影响。对以上几个方面的综合考量,可为我们分析文本辞屏提供一种路线图。

三、语料与研究方法

本文的语料来源为《经济学人》,它虽然是一份英国杂志,但着眼于全球,报道所涉内容并不仅仅局限于英国或欧洲,而且它拥有来自全球的庞大读者群,常被定位为社会精英必不可少的读物,也常作为西方主流媒体的代表之一。利用关键词在其网站进行搜索,搜索时间为 2019 年 5 月 23 日,依次分别键入 "China-Africa" " China and Africa " " China Africa relationship" "China" "Africa" 等关键词,可得到有关中非关系的相关文章,搜索结果根据相关度进行排序,对网页前 10 页的文章进行逐一阅读和筛选,去除图片和视频,并去除实质内容不涉及中非关系的文章。最终得到文章总数 67 篇组成小型专题语料库,去除文章中的图表和照片,总字数为 65 372 字。文章的发布时间为 2004 年 2 月 5 日至 2019 年 5 月 4 日。

本研究采用修辞分析与语料库话语分析相结合的方法,运用伯克新修辞理论中的辞屏概念构建了前文所述的辞屏分析框架与实施步骤,配之以语料库分析软件 Antconc 3.4.4 等展开具体话语修辞分析。之后的分析依照所构建的辞屏分析框架的具体步骤进行操作。通过分析,试图发现《经济学人》新闻报道文本辞屏建构的中非往来特征及影响,并据此进行反思,提出我国进一步提升中非合作关系外宣的策略建议。

四、辞屏及其效应分析:《经济学人》所构筑的中非关系特征及影响

4.1 辞屏分析

4.1.1 主题分析

主题原指文艺家通过作品所展现出来的对人或事的观点和评价,由于作者立场或意图的不同,即使同样的题材也可能表现出不同的主题。在更广泛的意义上,主题可指文本(语言的或非语言的)所要传达的主旨思想,即是

一种意义建构。因此,主题分析意在发现文本作者传达的观点和建构的意义,以此发现作者关于某个问题或现象或事件的辞屏构筑。以下我们通过两个步骤提炼所选语料的主题,第一步为通过阅读文本内容,确定议题类别,对每种议题给出操作化定义,然后将文本分别纳入其中进行量化统计;第二步为将第一步得出的议题进一步提炼归类,得出几个层次更具概括性的主题框架,并分别进行量化统计。据此,可得出《经济学人》看待和评价中非关系的视角。

4.1.1.1　议题分布

对语料进行编码后,最终共得出17个议题,具体分布见表1。

表1　报道议题分布

报道议题	内　　容	频率（次）	百分比（%）
经贸合作	中非经贸合作及其对双方的影响	21	13.9
能源矿产	诬蔑中国与非洲的正常能源矿产贸易为资源掠夺	18	11.9
非洲治理	诬蔑中国只顾经贸合作,忽视推动非洲社会和政治体制建设	14	9.3
新殖民主义	诬蔑中国在非洲的投资和经济援助等为"新殖民主义"	13	8.6
贷款援助	中国对非洲的贷款及其影响	12	7.9
文化软实力扩张	诬蔑中国与非洲的正常文化交流,重点诋毁中国价值观的影响	11	7.3
债务陷阱	诬蔑中国对非洲的金融借贷引发债务危机	10	6.6
环保问题	故意放大中国在非洲的经贸活动对环境和动物保护等的影响	8	5.3
他国竞争	故意放大中国与印度、日本、美国等在非洲的分歧	8	5.3
外交政策	论述中国对非洲的外交政策时片面强调中国的经济和政治利益	7	4.6
基础建设	中国在非洲所进行的基础设施建设及其影响	7	4.6
军事武器	诽谤中国与非洲在军事方面的正常交往	6	4.0
劳资矛盾	故意放大中国企业在非洲的劳资矛盾	4	2.7
人权问题	诬蔑中国无视非洲人权问题	4	2.7
中国商品	中国商品尤其是廉价商品对非洲经贸的影响	3	2.0
种族歧视	诬蔑中国歧视黑人,故意放大文化差异及其影响	3	2.0
中国移民	中国移民个体在非洲国家的工作和生活	2	1.3
合　计		151	100

4.1.1.2　主题提炼

如前文关于辞屏的特性所述,辞屏所形成的是一种指称框架,意图根据文本生产者对所述内容的判断和态度框定受众对事物的认知,具有鲜明的框架性。因此,我们可借鉴传播学领域的框架分析（framing analysis）方法对上述议题进行进一步的主题提炼。Semetko & Valkenburg（2000：95—96）认为在不同议题、不同媒介形态、不同国家和地区的新闻报道中普遍存在 5 种框架，即冲突框架（conflict frame）、人情味框架（human interest frame）、经济影响框架（economic consequences frame）、道德框架（morality frame）和责任框架（responsibility frame）。冲突框架强调个体、群体或机构之间的冲突，这可作为媒体攫取受众兴趣的手段；人情味框架采取某种情感视角去呈现所报道的事件、议题或问题；经济影响框架着眼于有可能对个体、群体、机构、地区或国家所能带来的经济影响的角度去报道某个事件、议题或问题；道德框架将所报道的事件、议题或问题置于某一道德语境中去评说；责任框架则将所报道的事件、议题或问题的起因或解决归于某个政府或个人或群体的责任。本文依据这 5 个框架的定义和划分指标，将议题进行归类，得出 4 个主题框架类别，如表 2 所示。

表 2 主题框架及出现频率

主题框架类别	频率（次）	百分比（%）
冲　　突	85	56.4
经济影响	43	28.4
责　　任	21	13.9
人情味	2	1.3
合　　计	151	100

第一是最突出的冲突主题。Semetko & Valkenburg（2000：100）认为这一框架可以从考量下列问题得到确认：报道是否反映了不同方的分歧？是否存在一方指责另一方的现象？是否牵扯某一问题或事件的双方或多方？是否涉及胜负者？据此，有关中非关系存在的各项冲突的议题可归类到这一主题中，表 1 中的"能源矿产""新殖民主义""文化软实力扩张""债务陷阱""环保问题""他国竞争""军事武器""劳资矛盾""人权问题"和"种族歧视"可看作是这一主题的体现。该主题所占比例为 56.4%，是报道中所占比例最高的。

第二是经济影响主题。Semetko & Valkenburg（2000：100）认为下列问题出现可以考虑属于经济影响框架：是否提到了当前和未来的经济收益或损失？是否提到成本或花费的投入？是否提到采取或不采取某一行动所能带来的经济影响？表 1 中的"经贸合作""贷款援助""基础建设"和"中国商品"可看作是这一主题的体现。该主题所占比例为 28.4%。

第三是责任主题。Semetko & Valkenburg（2000：100）认为下列问题可看作是责任框架的指标：是否提及相关方比如政府是否有能力解决某问题？是否提及问题的责任方比如政府？是否提及解决问题的方法？是否提及社会中的某一群体应对问题负责？是否提及解决某一问题需要采取紧急行动？表 1 中的"非洲治理"和"外交政策"可看作是这一主题的体现。该主题所占比例为 13.9%。

第四是人情味主题。Semetko & Valkenburg（2000：100）将下列问题看作为这一框架的识别指标：报道是否关涉某一问题中人的因素？是否运用了一些能够激发人的情感的形容词？是否强调某一问题对个体的人和群体的影响？是否关注事件中的个人生活？是否会让人产生情绪比如愤怒、怜悯、同情、关心等？表 1 中的"中国移民"可划入这一类别，所占比例为 1.3%。需要指出的是，在其他三个主题的报道中，也会出现对个体生活或者情感的关注，但其主旨并非在此，而是支撑服务于更大主题。

以上我们对《经济学人》中非关系报道议题进行了进一步的主题提炼，最终将其定为"冲突""经济影响""责任"和"人情味"四个类别，可以发现这四类主题所占比例差距非常悬殊，超过半数的报道主题是"冲突"，无限放大中国在非洲的正常活动中存在的矛盾，其次是"经济影响",这两者相加所占比例高达84.8%。

4.1.2 关键词分析

如前文关于辞屏的特性所述,辞屏裹挟着特定的关键词用以支撑某一特定的阐释。本节通过关键词分析更直接地展现所选语料的重要关注点。此外,通过使用语料库专业词频统计手段,也可在一定程度上降低上一节文本主题分析过程中的主观性,两者结合有望更准确定位文本主旨。"关键词"是指"通过与参考语料库对比测算出的拥有特殊频率的词"(钱毓芳,田海龙,2011:41),是文本辞屏形成的重要途径,修辞者借此从意识形态上引导受众与构建现实。我们以美国当代英语语料库(COCA)为参照语料库,借助Antconc 3.4.4比照两组词频列表并自动生成对比关键词,去除虚词,留下名词、动词和形容词等实义词,它们具有定性功能,可以体现文本的关键信息,或将有助于我们更深入地了解《经济学人》有关中非关系话语的主题特征。我们选取前50个关键词依照其关键值进行排序,如表3所示。

表3 语料库前50个关键词

序号	频率(次)	关键值	关键词	序号	频率(次)	关键值	关键词
1	1 008	5 853.40	China	18	104	299.82	western
2	704	3 823.99	Chinese	19	73	289.76	loans
3	610	3 552.23	Africa	20	43	279.21	Xi
4	307	1 564.17	African	21	40	259.73	Djibouti
5	265	1 148.50	countries	22	43	257.27	Guinea
6	108	603.21	continent	23	57	254.44	deals
7	86	509.30	Africans	24	74	251.12	aid
8	155	496.35	trade	25	72	244.64	projects
9	71	461.02	BRI	26	104	243.51	bank
10	78	432.86	Beijing	27	46	234.61	Sudan
11	114	415.72	investment	28	80	223.31	foreign
12	131	369.65	oil	29	36	208.07	railway
13	78	367.51	India	30	39	201.42	Kenya
14	76	353.51	infrastructure	31	129	200.75	government
15	79	348.36	firms	32	92	192.64	billion
16	56	320.22	Zambia	33	31	192.47	Saharan
17	52	314.60	Angola	34	59	188.34	debt

续 表

序号	频率(次)	关键值	关键词	序号	频率(次)	关键值	关键词
35	51	186.29	governments	43	61	162.41	global
36	33	185.08	export	44	25	162.33	Angolan
37	35	180.38	Nigeria	45	45	157.82	port
38	32	175.11	exports	46	27	156.05	Congo
39	30	170.48	commodities	47	30	153.37	ports
40	69	168.97	growing	48	76	151.86	economic
41	36	166.44	Zimbabwe	49	73	148.62	development
42	49	163.47	owned	50	115	146.34	country

由表3可以看出,排在前7位的关键词皆为"中国"和"非洲"及其相关和派生词,这说明语料中文本的核心话题都是围绕中国和非洲及其之间的关系的。中国和非洲大陆及其国家是报道所涉及的当事者双方,报道者看起来平等重视双方,关注度相近,但排在第一和第二位的"China"和"Chinese"的出现频率为1 712次,关键值为9 647.39,这远高于其后的"Africa"和"African"的出现频率(917次)和关键值(5 116.4)。这或许是因为在中非合作中,中国是发起者,是主动走进非洲寻求合作的一方,因此更多扮演施动者的角色。这说明报道者认为中国及中国政府是中非关系的主导者,结合上一节的主题分析也或可进一步说明在报道者视野中存在中非合作的不平等现象,认为中国才是获利者,或者说如语料中某些文本所诽谤的中国在搞"新殖民主义"。我们检索了"China"的索引行,对共1 008次出现频率的前100次进行了统计,发现与其搭配最高频的情况是"China"作为主语后接具有强烈施动意味或获得意思的及物动词(37%),如"China takes over …""China has stepped in …""China has entered into …""China has now struck …""China gets …""China wants …"等搭配形式,此类搭配占比最高,其次是表利益一类的名词(15%),如"China's interest""China's new interest""China's appetite""China's hunt""China's main aim"等。不难看出,在《经济学人》关于中非关系的话语传播中,中国被诬蔑为利益攫取者的主题性更加突出,这显然无视中国所奉行的"互利共赢"原则,说明其所制造的舆论对我们的中非合作倡议主旨存在误读和曲解。

紧随"中国"和"非洲"等国家和区域一类词之后的是"trade""BRI""Beijing""investment"。可见,报道关注的热点议题是中非经贸往来,且这一合作关系的主导者为北京所代表的中国政府,特别是中国在"一带一路"倡议项目框架下所进行的投资受到了格外的关注。随后的一些不同程度的高频词包括"infrastructure""firms""loans""deals""aid""projects""bank""railway""billion""export""commodities""growing""economic""development"都体现了前面提及的经济影响主题,包括"经贸合作""贷款援助""基础建设"和"中国商品"等报道视角。报道突出了中国在非洲所进行的基础设施建设,比如修建铁路等项目、中国在非洲的投资和对其进行的贷款援助、中非进出口贸易往来、中国在非洲开办的公司企业以及中国商品在非洲的流通等，这些报道在一定程度上较为客观地呈现了中非经济合作对双方带来的促进双方经济增长和整体发展等积极影响。但正如从前7个关于中国和非洲的区域关键词来看，无论是"中国"还是"中国的"和"中国人"，这些词都排在"非洲""非洲的""非洲人"之前，单独出现的"Beijing"也说明报道者认为中非经贸合作的发起者和更大的受益者是中国。同时在关注这一问题时，从报道者的视角看到的更多的是经贸往来中的矛盾，也就是说，报道者谈及中国在非洲的经贸活动时，时常故意放大建设对自然环境的影响，曲解中国对非洲的贷款援助，故意放大劳资矛盾，诬蔑中国忽视人权问题等。我们对所有文本进行了态度倾向性分析，结果有46篇是负面倾向，占比高达69%，中性倾向是17篇，占25%，正面倾向仅4篇，占6%。这说明经贸往来作为一个热点议题在报道者眼中所带来的影响大多是负面的，特别是对非洲来说，客观中性的评价只是一定程度上的。这也说明了为什么冲突主题在四类主题中所占比例最高。

除了以上两类词外，关键词列表中的大部分其他词都强调了冲突主题，比如"oil""India""western""debt""Djibouti""ports"等，报道者刻意突出"能源矿产""他国竞争""债务陷阱""军事武器"等议题，诬蔑中国是在搞新殖民主义，包括将中国与非洲正常的能源资源往来丑化为掠夺，故意放大中国与其他国家在非洲的分歧，诋毁中国与非洲在军事方面的正常交往等。语料中的诸多文本反复强调这些观点，带有明显的"新殖民主义"标签，显现了报道者强烈的价值判断及导向。"人权问题"也是报道者运用的一个放大分歧的绝佳视角。关键词列表中出现了多个非洲国家名称及其相关单词，包括"Zambia""Angola""Guinea""Sudan""Kenya""Saharan""Nigeria""Zimbabwe""Angolan""Congo"等，包含这些国家和地区名称的报道文本主要是曲解中国的"不干涉他国内政"原则，利用一些国家存在的矛盾大做人权问题的文章，故意放大中国在非洲开办企业公司存在的劳资矛盾炒作人权问题等。

以上关键词分析说明《经济学人》有关中非关系报道关注的热点议题为中非经贸往来，但相当程度上存在刻意炒作放大分歧、制造对立的问题，这印证了上一节主题提炼中所得出的其报道中冲突主题占据最大比例的结果。

4.1.3 互文引用消息来源分析

"每个文本都是对其他文本的吸收和转化"（Kristeva，1986：37；克里斯蒂娃，2014），即文本不是一个孤岛，每一个文本都与其他文本相互关联，并通过吸收、重组等方式与其他文本产生联系（祝克懿，2014）。一个文本对他文本的引用或转述体现了文本之间、文本与社会实践之间的相互联系。本节对报道文本中的互文引用进行分析，重点聚焦消息来源，因为决定"让谁发声"是新闻写作不得不考虑的一种修辞劝说策略，"某件事如此是因为某个人说它如此"（Fishman，1980：92）。新闻媒体最重要的权力在于"决定在哪个问题上应该向受众传达谁的声音"（Geis，1987：10），因为"消息来自谁"就暗含了谁是社会真实的"定义者"（Gitlin，2003）。下面我们对语料中的消息来源进行分析，以揭示谁在定义中非关系。

对语料中引用的消息来源进行统计，所得数据如表4所示。总体引用数量较高，语料中共有707处各类引用。逐个分析其消息来源，发现使用最多的是来自政府机构的信息，包括政府部门和政府官员，共226次，占32.0%；其次是出自非政府机构的信息，包括国际机构、公司企业和民间组织，共166次，占23.5%；引用专家学者的信息位列第三，共129次，占18.2%；再次是模糊信源，即不明确指明消息来源，共124次，占17.5%；此外，还有少量引自普通民众的消息62次，占8.8%。可见，《经济学人》主要通过引用政府机构特别是官员和重要部门、非政府机构特别是较为知名的国际机构和企业以及专家学者的观点来增强其报道的传播效果。

表4 语料中消息来源分析

消息来源类别	频率(次)	百分比(%)
政府机构	226	32.0
非政府机构	166	23.5
专家学者	129	18.2
模糊信源	124	17.5
普通民众	62	8.8
合计	707	100

4.2 辞屏效应分析

辞屏效应强调文本借助词语符号内在选择性构建信息网以建构现实。它在为受众提供观察世界的角度同时,框定了认知方向,具有很强的导引效应,亦即有认知和修辞双重功能。

4.2.1 辞屏的认知功能

通过对报道文本的主题、关键词和互文消息来源进行分析,可以发现《经济学人》使用多种手段形成了一个紧密的辞屏,像滤镜一样影响受众对中非交往的认知,将人们对该问题的认识导向特定的某个方面,因为人们对现实世界的观察多是"特定术语隐含的可能性"(Burke,1966:46),即所捕获到的只能是部分"事实"。《经济学人》通过构筑的辞屏所呈现的主题是"冲突"和"经济影响",一方面,它导引受众关注中非经济合作这一现实,另一方面,由于其自身倾向性又总是故意放大炒作分歧甚至强拉因果关系,制造对立和冲突,遮蔽中非合作的正面意义。这正是辞屏的认知引导效应,像摄影过程一样,尽管拍摄对象相同,但由于滤镜使用的差异,照片的样貌和性质会有很大的不同,滤镜会"呈现、突出或者渲染",同时也会"回避、掩盖甚至歪曲"拍摄对象的某些"色彩、特征或面貌"(王志伟,2012:59)。同理,不同的辞屏不可避免地会"突出"或"遮蔽"某些事实特征,它使人们看到某些现象,同时又过滤掉其他现象,即"有所见则有所不见"(Burke,1966:44)。《经济学人》引导受众所见的大多是带来的冲突,而给非洲所带来的积极意义大多是不见的。例如:

(1) China is rapidly buying up Africa's oil, metals and farm produce. That fuels China's surging economic growth, but how good is it for Africa? (Oct. 26th, 2006)

(2) CHINA is one of the world's largest providers of foreign aid. But it has a reputation as a rogue donor: stories abound of shoddy projects, low environmental standards and mistreatment of workers. (Oct. 12th, 2017)

(3) China was likened to colonial powers that "just take everything and go." (Jul. 26th, 2018)

例(1)是一篇报道的导语,貌似常规的以设问的办法引起读者的兴趣,但其实,首先就设问本身而言,意味着前面陈述的内容是毋庸置疑的,即引导受众相信中非在石油等能源矿产和农产品方面的贸易往来主要是为中国的经济腾飞加油助力;其次结合正文的负面内容来看,此设问实则为质问,隐含否定的语气。这显然无视中国坚持的"平等互利"原则,无视中国为"中非命运共同体"所做的努力。例(2)是明显的欲抑先扬,先将中国定位为世界上最大的援助者之一,紧接着便以恶劣的语言铺排其捏造的种种问题,极尽讽刺之能。例(3)则使用模糊消息来源,肆意造谣,诽谤中国类同殖民国家,只会掠夺。这种言论只讲判断,不讲证据,具有较强的煽动色彩。语料中类似的例子还有很多,不一而足。这些类似话语模式的内在选择性和虚假性显现了文本通过它们所构筑的辞屏产生效应的工作机制,即对现实进行选择性甚至虚假性勾画。《经济学人》频繁发布这样的报道,持续误导受众,对中国的正面形象、中非共赢的客观事实构成遮蔽。

4.2.2 辞屏的修辞功能

辞屏的导引性引导人们对现实的认知,但其核心作用在于其修辞功能,即对受众实施劝说,使修辞者关于某事的观点能够得以传播和接受并最终形成对行动的激发。修辞者的使命之一就是制造"在场"(presence)(Perelman,1982:35),即选择呈现某些事物,给它们在场的机会,目的是让其处于"前景化"位置,从而成为唯一的"事实"被受众所接受。《经济学人》通过特定修辞策略形成的辞屏构建出凸显某种所谓"事实"的主观现实,影响人们对中非关系的认知,最终影响人们的态度和决策。例如,以上三例既说明了报道对受众的有意引导,更说明了辞屏在传播实践中所具有的行使修辞劝说和敦促的功能。再如:

(4) The rich world is selling education. China is using it to buy influence. (Jan. 24th, 2019)

(5) Mercantilism is its priority, not fixing the region's many problems. (Apr. 20th, 2019)

(6) Sadly, however, Russia and China do not care about African democracy. (Mar. 7th, 2019)

这些话语所形成的辞屏意在塑造中国的负面形象,引导受众接受报道者关于中非关系的消极价值判断。语词"从来都不仅仅是一些语词"(Jasinki,2001:120),语词既是对内容的承载,更是对内容的构建。"如果一个人接受了另一个人的语言表达,就意味着他接受了一种态度,因而也就接受了一种价值观"(鞠玉梅,2010:41;2015),这为修辞者实现劝说动机提供了可能。以上三例所使用的一些表达如例(4)中的"buy influence"等将中国与非洲的正常交往曲解为别有意图的谋取政治与经济利益的手段,并将中国与俄罗斯并置,将受众带入其冷战思维,把中国看作借此获取地缘政治优势、重塑区域合作机制等有潜在威胁的国家,从而将受众导向"中国威胁论"的消极认知情境,以期衍生对中国的相关合作发展倡议的抵制情绪和破坏行为。这无疑会对中非关系的健康发展带来负面影响。

五、结论与研究启示

通过以上分析,可以发现《经济学人》关于中非关系的报道通过话语修辞形成了一个内在互相勾连的辞屏,并在话语传播实践中形成了一定的辞屏效应,建构了反映报道者意识形态的关于中非往来的主观现实,并试图干扰受众对中非关系的正确判断,最终旨在影响受众产生其期待的态度和行为。

《经济学人》关于中非关系报道的特征实际上代表了当今中国国际形象构建所面临的问题和挑战,针对《经济学人》的中非关系报道,需反思我国有关该话题的对外传播,其要害在于充分把握政治话语传播文本的辞屏框定性。具体而言,需思考以下几点:一是认识到政治话语传播所带来的辞屏效应并非完全可控,因此伴随中非交往的整个过程,应抢先占领国际舆论场的话语权,确立并主动推广在国际社会形成有利于中国形象的传播模式,用自己的表达影响国际话语传播,引领传播的基调;二是在与国外媒体进行中非关系竞争性话语传播过程中,需关照受众感受,考虑话语的受众可接受度,这不仅包括非洲国家和地区受众,还包括整个国际社会尤其是西方国家受众,有意识地发挥辞屏的认知和修辞效应,形成对受众的有效引领和影响;三是全面掌握有关中非关系的国际舆论,加强与外部话语的双向沟通,及时应对他文本所形成的辞屏,就同一个问题产出新的文本,形成新的辞屏,在为受众提供多维观察途径的过程中,与西方的"有色眼镜"式话语霸权进行博弈,争取更多国际话语议程设置机会,从而"澄清谬误、明辨是非,联接中外、沟通世界"(习近平,2016)。

[参考文献]

邓志勇,2011.修辞理论与修辞哲学:关于修辞学泰斗肯尼斯·伯克研究[M].上海：学林出版社.
邓志勇,2016.新修辞学的体验观：兼论新修辞学与认知语言学的交集[J].当代修辞学(3).
鞠玉梅,2010.通过"辞屏"概念透视伯克的语言哲学观[J].现代外语(1).
鞠玉梅,2015.伯克修辞学说的索绪尔渊源[J].当代修辞学(5).
克里斯蒂娃,2014.互文理论与文本运用[J].当代修辞学(5).
李新烽,李玉洁,2019.冲突框架与中立转向：2002—2016年BBC中非关系报道分析[J].新闻与传播研究(3).
刘亚猛,2008.西方修辞学史[M].北京：外语教学与研究出版社.
马景秀,2007.术语规范与新闻话语的修辞建构[J].天津外国语学院学报(3).
钱毓芳,田海龙,2011.话语与中国社会变迁：以政府工作报告为例[J].外语与外语教学(3).
时闻,刘润泽,魏向清,2019.政治话语跨文化传播中的"术语滤网"效应与术语翻译策略反思[J].中国外语(1).
王志伟,2012.从戏剧主义与术语视屏看博克的语言哲学思想[J].外国语文(4).
习近平,2016.在党的新闻舆论工作座谈会上的讲话[EB/OL].[2019-07-13] http://cpc.people.com.cn/n1/2016/0220/c64094-28136289.html.
姚喜明,王惠敏,2009.论肯尼斯·伯克语言观中的术语视界[J].上海大学学报(6).
祝克懿,2014.文本解读范式探析[J].当代修辞学(5).
Burke, K., 1966. *Language as Symbolic Action: Essays on Life, Literature and Method* [M]. Berkeley：The University of California Press.
Burke, K., 1968. *Counter-statement* [M]. Berkeley：The University of California Press.
Burke, K., 1984. *Permanence and Change* [M]. Berkeley：The University of California Press.
Burke, K., 1989. *On Symbols and Society* [M]. Chicago：The University of Chicago Press.
Conrad, C., E. A. Macom, 1995. Re-visiting Kenneth Burke：Dramatism/Logology and the problem of agency [J]. *The Southern Communication Journal*, 61 (1)：11-28.
Fishman, M., 1980. *Manufacturing the News* [M]. Austin：University of Texas Press.
Geis, M. L., 1987. *The Language of Politics* [M]. New York：Springer Verlag.
Gitlin, T., 2003. *Media Unlimited: How the Torrent of Images and Sounds Overwhelms Our Lives* [M]. New York：Henry Holt and Company.
Jasinski, J., 2001. *Sourcebook on Rhetoric: Key Concepts in Contemporary Rhetorical Studies* [M]. Thousand Oaks, CA.：Sage Publications.
Kristeva, J., 1986. *The Kristeva Reader* [M]. New York：Columbia University Press.
Perelman, Chaim, 1982. *The Realm of Rhetoric* [M]. Notre Dame：University of Norte Dame Press.
Semekto, Holli A., Patti M. Valkenburg, 2000. Framing European politics：A content analysis of press and television news [J]. *Journal of Communication*, 50 (1)：93-109.

从上古到后真相时代

——"谣言"概念史的再分析

胡亦名[1]　胡范铸[2]

(1. 上海理工大学,上海　200000；2. 华东师范大学国家话语生态研究中心,上海　200000)

摘　要　在汉语史上,"谣言"的语义从"记录共同体知识的基本手段",到"传播民间社会批评的主要方式",再到"没有事实根据的消息",经历了巨大演变。从知识生产的视角看,现代谣言的本质就是"在信息供给未能有效满足信息迫切需求的条件下产生的在公共空间故意传播的已被确证的不实陈述"。而在后真相时代,如果每个主体都能自主地、如实地表达自己对世界的理解,那么所谓的"谣言"反而可能成为推进真相建构的不可或缺的动力。

关键词 谣言 民谣 谶谣 流言 谎言 后真相

一、"共同体知识"载体的"底层化":"谣言"的语义发展

什么是"谣"?根据《现代汉语词典》(商务印书馆第7版)的释义,"谣言"就是"没有事实根据的消息"。这一解释相当合乎人们的日常语言经验,然而,却还不够准确。所谓"谣",在汉语史上最初绝非"没有事实根据的消息"。汉语史上的"谣"在《诗经》《楚辞》中已出现,如:"园有桃,其实之肴。心之忧矣,我歌且谣。"(《诗·魏风·园有桃》)所谓"我歌且谣",《毛传》释为"曲合乐曰歌,徒歌曰谣"。今人据此进一步将"我歌且谣"释为"唱了诗歌哼民谣",并补充解释"我歌且谣:配曲曰歌,徒歌为谣"(黄典诚,1992:126)。那么,如何理解"徒歌为谣"?"歌"与"谣"是否为"唱(诗歌)"与"哼(民谣)"的区别,是否就是"有曲调"和"没有曲调"的区别?也许并非如此。

朱自清《中国歌谣》曾引陈奂《诗毛氏传疏》所论:"'合乐曰歌'释'歌'字。《周语》,'瞽献曲',韦注云,'曲,乐曲。'此'曲'之义也。'徒歌曰谣'释'谣'字。《尔雅·释乐》,'徒歌谓之谣。'此传所本也。《说文》,'䍃,徒歌。'䍃,古'谣'字,今字通作'谣'。《初学记·乐部上》引《韩诗章句》云,'有章曲曰歌,无章曲曰谣。章,乐章也;'无章曲',所谓'徒歌'也。《正义》云,'此文"歌""谣"相对,谣既徒歌,则歌不徒矣。《行苇传》曰,"歌者,合于琴瑟也。"'"(朱自清,2004:1)也就是说,"曲合乐曰歌,徒歌曰谣"牵涉这样一系列概念:一是"曲""乐""歌""谣"的区别和联系,二是"合"和"徒"的语义。

"曲合乐曰歌",其中的"曲"明确就是口头的"唱",那么,如果其中的"歌"仅是指可以"唱"的,何以强调"曲"还要"合乐"?在汉语史上,"乐者,音之所由生也"(《礼记·乐记》)。也就是说,"乐"最初是产生"音"的"器"。"音"的产生可以出自人身"器官",也可以凭借人造"器材"。由人自己的器官发出的声音多种多样,有"言""语""歌""谣"等;而"乐"的本义则当专指"可以发出悦耳之音的器材",即"乐器"。《毛诗正义》便指出:"谣既徒歌,则歌不徒矣。故曰:曲合乐曰歌,乐即琴瑟。"由此,"合乐"应当就是"配合上乐器"。"曲合乐曰歌"即有乐器配合的唱才是"歌"。"徒鼓瑟谓之步。徒吹谓之和。徒歌谓之谣。徒击鼓谓之咢。徒鼓钟谓之修。徒鼓磬谓之寋。"(《尔雅·释乐第七》)文中"徒"均作"只、独"解,"徒歌"如"徒手",即是没有其他外物可凭借的"歌""空歌",不用乐器伴奏的歌曲,即所谓"清唱"。"徒歌谓之谣。言无乐而空歌,其声逍遥然也。"(《左传·僖公五年·正义》)进而言之,"谣"不但无所谓"乐"的"配合",甚至也不需要其他人的"配合",多人"对歌""合唱"似乎也不能称为"谣"。"谣"应该就是指最简单的一人的"吟唱"。朱自清引桂馥《说文义证》引证:"《说文》'独歌也',《尔雅》'徒歌为谣'。徒,空也。""独歌为一人空歌,犹徒歌也。"(朱自清,2004:2)

"歌"的早期形式是"谣","谣"首先是无伴奏的歌。那么在上古时代,"谣"的首要功能是什么?《诗·大序》说:"诗者,志之所之也。在心为志,发言为诗,情动于中而形于言。言之不足,故嗟叹之。嗟叹之不足,故咏歌之。咏歌之不足,不知手之舞之足之蹈之也。"据此,"谣"的最初功能主要是宣泄情绪。这一认识进一步发展则形成了"诗教"概念,清人刘毓崧在为我国历代谣谚最重要的合辑《古谣谚》所作序中强调:"乃近世论诗之士,语及言志,多视为迂阔而远于事情,由是风雅渐漓,诗教不振。抑知言志之道,无待远求,风雅固其大宗,谣谚尤其显证。欲探风雅之奥者,不妨先问谣谚之途。诚以言为心声,而谣谚皆天籁自鸣,直抒己志,如风行水上,自然成文,言有尽而意无穷,可以达下情而宣上德,其关系寄托,与风雅表里相符。盖风雅之述志,著于文字,而谣谚之述志,发于语言。"(杜文澜,1992,序:1)

其说的是"谣"的最初功能应为"达下情而宣上德"。然而,考古代文献所记远古之"谣"《弹歌》:"断竹续竹,飞土逐宍。"(据汉赵晔《吴越春秋·勾践阴谋外传》)意谓"砍伐野竹,连接起来制成弓;打出泥弹,追捕猎物"。这分明记载的是远古最重要的生产的方式和过程。而今天文化人类学调查所得的流传于神农架地区的汉族口头长篇之"谣"《黑暗传》:"昆仑山上一棵树,此树名叫长生木。上面枝叶四季青,上有一枝朝北斗,下有一根穿泉壤。左边枝头凤做窝,右边根上老龙洞。只有盘古神通大。手执一把开山斧,先天元年砍一斧。先天二年砍半边,先天三年才砍倒。先天四年落凡间,鲁班先师一句话,先造死,后造生。生生死死根连根,万古千秋到如今……"叙述的则是族群所居空间的起源。文献所记远古先民之短"谣"和采风所得民族起源之长"谣",叙述的内容都是"知识",是生产的知识和历史的知识。

如此,"谣"的最初功能应该与"知识"的生产、保存有关。人类的发展是一个知识生产的过程,而知识的生产离不开既有知识的保存、传播和传承。考古资料显示,早在尼安德特人(公元前7万—公元前3.5万年)时期,人类可能就已经具备了语言交往的能力(克里斯特尔,1995:449),但无论是古代西亚的楔形文字还是中国的甲骨文,其诞生却不过几千年。在文字发明之前,人类知识的保存、传播和传承在视觉形式上主要依赖图画和"结绳记事"等符号。但两者所能够传达的信息毕竟高度受限,难以系统地保存已经"语言化"的信息,由此,必然对语言活动本身提出要求,也就是在听觉形式上,人们也需要借助语音的记忆和传诵来保存一个个重要事件,汇聚一项项重要认识。而声音形式的信息要便于记忆和传诵,就需要语句整齐、节奏明快、朗朗上口,由此产生的就是"谣"。一个社群关于本社群诞生、繁衍乃至大自然发生、演化的重要"知识",就是凭借"谣"的传唱而得以代代相传的。

关于这一点,其实中国古人也已经有所揭示。杜文澜(1992)在《古谣谚·凡例》中指出:"今本《说文》无谣字,有䚻字,训为徒歌也。戴侗《六书故》引唐本曰:'䚻,从也,谣,徒歌也。'"而所谓"歌","咏言之谓,《说文》云:歌,咏也。《汉书·艺文志》:咏其声,谓之歌。咏言即永言,永言即长言也。《尚书·舜典》:歌永言。郑注云:永,长也。《诗·关雎》正义云:长言曰咏。《广雅·释乐》云:咏,歌也。王氏念孙《疏证》云:《乐记》云,歌之为言也,长言之也。咏之言永也,所谓歌永言也"。这也就是说:当"言(说)"的内容比较"长",更需要"长(永)久"地传承,便诞生了"歌谣"。这种在文字诞生之前或书写活动极为困难的条件下,依赖"歌谣"口耳相传保存"共同体知识"的手段,短篇的便形成后人所说的"谣谚",如中国古代的《公刘》《生民》;长篇的便是后人所说的"史诗",如古希腊的《荷马史诗》、蒙古族的《江格尔》、藏族的《格萨尔王传》等。

而伴随着文字的诞生和器乐的出现,"谣"这一知识生产与保存方式逐渐被"底层化"。文字的诞生,对于一个社群是极其重大的事件,由此,语言的口头形式与文字形式分离。文字记载、传播、传承知识具有口语不可比拟的稳定性,很自然地,语言社群最重要的共同知识首选文字加以保存。与此同时,文字在习得上需要特别的专门学习,其载体(如汉字的甲骨、钟鼎)又具稀缺性,于是便成为一部分人的特权,不但是一种身份的标记,更成为重要场域的象征。而"歌"一旦能够"合乐",得到器乐尤其是大型器乐的配合,便演化为"礼乐",也就成为官家的专属,成为正式场合、重要活动的标配。于是,在文字和器乐的双重挤压下,口头上的"谣"逐渐演化为只是"民间的""口头的"声音标记。不过,这时民间的意见、民间对于社会的认识仍依赖"谣"而流传,官家也需要借助"谣"来考察民间的"舆情"。《南史·梁武帝纪上》记载:"诏分遣内侍,周省四方,观政听谣。"可见"听谣"可以"观政","观政"需要"听谣"。

随着文字使用者队伍的不断壮大、文字荷

载的信息量的不断增加和统治者社会治理方式的演变，口头之"谣"在信息传播、保存上的民间性及不确定性则愈加凸显。与此同时，上层的政治斗争也开始越来越多地利用"谣"的"观政"功能，主动地加以干涉。很多时候，官家不是到民间采集原始的"谣"，而是捏造没有根据的传闻故意投放到民间，借"谣"而传播政治意图，对民间进行"舆论引导"，进而又重新"采集"作为打击政敌的依据。《楚辞·离骚》："众女嫉余之蛾眉兮，谣诼谓余以善淫。"这里的"诼"就是"毁谤、进谗言"，也就是"谣"这一形式成为"诼"（毁谤）、"谓余以善淫"的手段。由此，进一步便发展出"谶谣"文化：或以"谶谣"建立人们对政治行为的预期，或以"谶谣"构建已经采取的政治行为的合法性（谢贵安，1998）。如《史记·陈涉世家》：（陈胜）"间令吴广之次所旁丛祠中，夜篝火，狐鸣呼曰：'大楚兴，陈胜王。'"于此，"谣"终于逐渐演化为（民间流传的）"没有事实根据的消息"。

语言社群记录、传播、传承最重要的共同体知识的主要手段——传播民间的意见、民间对于社会的认识尤其是批评的主要方式——"（民间流传的）没有事实根据的消息"，"谣"终于完成了根本性的转折。不过，即使如此，"传播民间的意见、民间社会批评的主要方式"这一功能也并未完全退出历史舞台，只是更多地躲进了"民谣"这一概念中。

二、流言、谎言与谣言："谣言"的重新定义

关于"谣言"的定义，德国作家汉斯-约阿希姆·诺伊鲍尔（2004：213—220）曾用大量案例说明："谣言是一种混杂了真实与不真实的声音"，"讲述的是参与者的心理动机"。不过，更为系统而深入的谣言研究者法国学者让-诺埃尔·卡普费雷（1991：6）则指出："首先对谣言进行系统研究的是美国人。在第二次世界大战期间沸沸扬扬的各种谣言及其对部队和人民士气产生的消极影响，使很多研究小组对这个题目产生了兴趣。"其中的代表学者奥尔波特和波斯曼认为，谣言是一个"与当时事件相关联的命题，是为了使人相信，一般以口传媒介的方式在人们之间流传，但是却缺乏具体的资料以证实其确切性"（卡普费雷，1991：6）。而纳普则认为，谣言是一种"旨在使人们相信的宣言，它与当前的时事有关，在未经官方证实的情况下传播"（卡普费雷，1991：6）。更著名的谣言定义应该来自美国社会学家特·西布塔尼，他认为"谣言是在一群人议论过程中产生的即兴新闻"，其观点可进一步概括为"谣言＝（事件的）重要性×（事件的）含糊不清"（卡普费雷，1991：11—12）。更被普遍接受的谣言定义则是"谣言没有任何根据，这大概才是谣言最难以推翻的定义"（卡普费雷，1991：14）。而让-诺埃尔·卡普费雷（1991：18）本人则将谣言定义为"在社会中公开流传的未经官方公开证实或者已经被官方所辟谣的信息"，因为他认为"谣言这个词在任何情况下都不预示它的内容真实或虚假"。

任何话语都是在一定语境中产生并指向一定语境的，在汉语语境中要准确认识"谣言"，就必须考察与之相关的"流言"和"谎言"。

首先，"谣言"与流言有关。所谓"流言"，依照美国学者的看法，就是"没有得到证实而又无法反驳的信息"（罗斯诺，费恩，1990：4）。而在中国古人看来，流言就是"无根之言"，也就是"没有根据的话"，其本质是"不确定性"。这种不确定性包括话语生产者的不确定性（不确定到底传自何方）、话语传播方向的不确定性（不确定到底传到何方）和所传播内容的不确定性（内容可能不断变形、增加、减少）。尽管让-诺埃尔·卡普费雷举出了相当多的实例证明"谣言可以是真实的"，但我们依然认为如此简单地表达并不准确，因为这一分析混淆了"事中"（指称某言语为谣言时）和"事后"（日后验证结果）的区别：当我们指称或者承认某一言语为"谣言"时，无不意味着指称或承认其"不是真实陈述"。不过，在汉语语境中，"流言"与"谣言"虽然都不是"真实陈述"，但两者最大区别就是与"事实"的关系：

"流言"内容的真伪是尚未确定的,可能是"不合乎事实"的,也可能是"合乎事实"的;而"谣言"则意味着已经被证明属于虚假,肯定"不合乎事实"。这就意味着:若要指认某人言说为"流言",可以要求言说者举证,倘若对方不能就信息的来源和可靠性作出证明,便可归于"流言";而若是指认对方是"谣言",则举证责任就转移到指认者身上,指认者必须有足够的相反证据才可以断定该言说属于"谣言"。

"谣言"也与"谎言"有关。所谓"谎言",《现代汉语词典》解释为"不真实的、骗人的话;假话"。在日常语言经验中,所谓真话,就是合乎事实的话;所谓谎言,就是不合乎事实的话。其实不然,从语言运用的角度分析,言语交际中的信息可分五类:客观事实;说话人所认可的事实与信息;语言形式在客观上所荷载的信息;说话人希望听话人所接收到的信息;听话人所实际理解的信息。而谎言最根本的特征在于"说话人自己所认可的事实与信息"同"说话人所希望听话人接收到的信息"两者之间不一致(胡范铸,2003)。"谎言"与"谣言"都是"掩盖事实所指"的言说,但两者的最大区别在于"谎言"的生产是"对话性"的,即"生产+消费";而"谣言"的生产则是"大众传播性"的,即"生产+传播+消费"。只对某一个人撒谎,其意图并不在于广泛传播,就不能称之为"造谣",如学生为打游戏而逃学,被教师责问时推诿说"生病";而对某个人撒谎并推动这一谎言广泛传播,便构成"造谣"。正因为"谣言"的生产过程离不开"传播","谣言"行为的责任主体也就分为两类:"生产者"和"传播者"。"谣言"需要"传谣"者的合作,只不过在这一过程中,"造谣"的"原述行为"就是"撒谎",但"传谣"的"转述行为"却未必属于"撒谎",因为传播者可能是因为相信而"传谣"。

也就是说,所谓"谣言",至少包括这样几个要素:一是"不实陈述";二是该陈述已被足够证据证伪;三是故意的;四是在公共空间获得传播。亦即,谣言就是在公共空间故意传播的已被确证的不实陈述。不过,这一定义依然有所不足,无法回答"谣言的传播何以发生"这一知识的生产问题。由此追问,我们不难发现:在信息市场上,信息的供给越是能够有效满足信息的需求,则谣言越是难以流通;相反,信息需求与信息供给的落差越大,谣言便越容易流通。

由此,可以重新将谣言定义为"信息供给未能有效满足信息迫切需求的条件下产生的在公共空间故意传播的已被确证的不实陈述"。

三、无言之谣:谣言生产的另一种形式

一旦把谣言定义为"信息供给未能有效满足需求而产生的不实陈述传播",则不但可能真正发现谣言的全貌,也可能发现有效识别谣言、遏制谣言的路径。根据这一定义的路径考察,便可发现两种完全不同的现象。一种是当"信息供给未能有效满足需求"时,谣言乘虚而入,各种伪造的信息趁机搅乱信息市场。比如有人生病了,市面上尚无明确的有效药,各种"江湖郎中"的"特效药"便蠢蠢欲动。不过,这种"不实陈述"尽管恶劣,但手法早已为人熟悉,也相当容易被揭穿。另有一种"不实陈述",更隐蔽,也更危险:无论是在政治场域、学术场域、还是在经济场域,都存在着一定程度的信息垄断现象。某些垄断者把控着关键信息的生产或者储存,一旦这一把控干扰了信息市场的需求,谣言同样会"应运而生"。

我们不妨从"不实言论"的反面"客观性"入手考察。"客观性"是新闻行为的核心准则,新闻言语行为报道的应该是客观的事实。不过,到底什么是"新闻的客观性"?通常认为,这意味着:一是不说不客观的;二是说的是客观的。可是这样理解是否准确,或者说是否充分?假设某矿山因管理不善发生特大矿难,多达十余名矿工罹难。新闻记者闻风而动,赶到现场,可是,迫于种种阻挠,这些记者全部返回,一字未写。试问:尽管他们全都没有编造"某矿安全生产某某天"的报道,但能否说他们严格遵守了新闻的客观性?答案应该是否定

的。新闻语言的客观性不仅意味"不说不客观的"及"说的是客观的",还意味着"客观的就要说",亦即越是重大的问题越是要"说",要"及时说",也要"全面地说"(胡范铸,2007)。

人类的语言运用是依据一定的规则使用某种形式的符号的过程,但这一过程在某些条件下也可能采用"零形式"。数学中所谓的"零"并不等于虚无,而是也表示一种数的形式;同样,语言学中的"零形式",表示的也不是"虚无"的概念。语言学中有对立的诸项,有的有标记,有的没有标记,与有标记的项相对立的项,就是零。这一现象不仅存在于语音、词语和句法中,也存在于语用中。如对一个问题的反应,可以直接说,也可以用"沉默"这样一种没有采用语言符号的"零形式"来表示肯定或者否定。由此而论,在信息市场上,利用自己对信息的垄断造成信息市场信号失真、造成社会重大误解的,在本质上与"谣言"具有同等危害,只不过在形式上体现为"无言之谣",也就是"零形式"的谣言。

四、谣言的"反谣性":后真相时代的真相认知

"意义即用法。"(维特根斯坦)"谣"在汉语史上最初是"徒歌为谣",是"由语言社群记录、传播、传承最重要的共同体知识的手段",这一用法历经数千年固然早已面目全非,但其语义并未完全消失,不但在作为"民间的意见、民间的社会批评的主要传播方式"的"民谣"这一用法中获得保存,并且在"后真相时代"作为"没有事实根据的消息"的"谣言"这一用法中也有了新的意义。

"后真相"(post-truth)作为 2016 年《牛津辞典》的年度热词,通常指的是"在公共舆论的形塑上,诉诸情感(emotion)和个人理念(personal belief)可能比客观事实更加有效"的政治传播景观。这不仅意味着"我们所谓的真相,永远是经过一定的结构性或程序性处理过的被再现的'真相',真实的真相永远会和我们之间保持一定的距离"(蓝江,2017),更具体意味着"后真相"并不等于没有真相、否定真相。所谓的真相,不是一个静止的结论、"最后的审判",而是一种包含了各种"印象"的"现象"(张晓东,2020),更是一个不断建构的过程。

依据"谣言是信息供给未能有效满足信息迫切需求的条件下产生的在公共空间故意传播的已被确证的不实陈述"的认识,我们可以进一步发现:一是"信息的确证"不但是一个过程,而且还是多个主体和多个参数互相作用的过程,依据甲主体或者 A 参数"确证"的谣言,可能经过乙主体或者 B 参数的"确证"反而成为真相。二是信息的生产是一个多种方案不断博弈和调整的过程,"谣言"如同测试仪,检测了信息市场对于不同方案的可接受性的差异,从而支持了某一种方案的落地,并使得有关该方案的"谣言"成为"遥远的预言"。三是信息的需求是一个不断满足的过程,信息供给明显不足时,市场难免恐慌,"谣言"设置的"议程",直接标记了需求端的社会焦虑,可以成为推进"信息供给侧改革"的直接动力,从而实现"真相"的建构与呈现。四是"预期决定行动,行动改变世界",当一个"谣言"被信息市场上的主导力量所接受时,依据这一"谣言"形成的市场发展预期便可能改变参与者的行动,进而最终改变"世界"。五是"信息的生产"是一个生态化的过程,只有充分的信息竞争才能有效地制止谣言。这是更为重要的。在正常的思想竞争、信息竞争中,市场固然会充满谣言,但这些谣言都不足以危害社会,一旦试图抑制一部分甚至大部分主体的信息生产,那么另外一部分主体过分膨胀,真正灾难性的谣言才更容易产生。

语言是一种生态。如果每个主体都能自主地、如实地表达自己对世界的理解,这一世界固然可能会时常出现大量的"流言"乃至"谣言",可是,这也将在一定程度上催生更大量真实的信息,从而有效地压制"流言"乃至"谣言"的流通;更可能由大量已确证信息和所谓"流言""谣言"的互文,而显示出关于真相的"信息拼图"。那么,所谓的谣言反而可能成为推进真相建构不可或缺的动力。由此,"谣"将不谣。

[参考文献]

杜文澜,1992.古谣谚[M].长沙:岳麓书社.
胡范铸,2003.实话如何实说:突发公共安全危机管理中的政府信息发布[J].华东师范大学学报(哲学社会科学版)(6).
胡范铸,2007.新闻语言客观性问题的言语行为分析[J].华东师范大学学报(哲学社会科学版)(2).
黄典诚,1992.诗经通译新诠[M].上海:华东师范大学出版社.
卡普费雷,1991.谣言:世界最古老的传媒[M].郑若麟,边芹,译.上海:上海人民出版社.
克里斯特尔,1995.剑桥语言百科全书[M].任明,等译.北京:中国社会科学出版社.
蓝江,2017.后真相时代意味着客观性的终结吗[J].探索与争鸣(4).
罗斯诺,费恩,1990.流言[M].唐晖,等译.北京:国际文化出版公司.
诺伊鲍尔,2004.谣言女神[M].顾牧,译.北京:中信出版社.
谢贵安,1998.中国谶谣文化研究[M].海口:海南出版社.
朱自清,2004.中国歌谣[M].上海:复旦大学出版社.

《共产党宣言》中文首译本标点符号的使用及版本价值[*]

霍四通[**]

(复旦大学中文系,上海 200433)

摘 要 陈望道是中国倡行新式标点符号的先驱之一,非常重视标点符号的作用。全面使用新式标点符号,是陈望道的《共产党宣言》中文首译本的一个创新。陈望道在翻译中主要参照英文本,精心推敲所用标点,减少逗号,增施分号,随情应境,随机调整,使得文字层次清楚,语义明晰,增强了译文的可读性。中文首译本的标点符号极富特色,构成其翻译风格中的一个重要元素,并蕴含着翻译底本、排版印刷等方面的重要参考信息,其价值还有待继续深入挖掘。

关键词 陈望道 《共产党宣言》中文首译本 标点符号

陈望道翻译的《共产党宣言》是国内第一个全文采用白话文的完整译本,被公认为"中文首译本"[①](以下或简作"首译本")。首译本的诞生推动了中国共产党的建党进程,推动了中国革命的前进步伐,其影响和历史地位是其他任何译本都不能比拟的。过去不少学者对首译本的译文语言进行了多角度、多层次的研究。但是,对其标点符号的使用关注还比较少,更谈不上有系统的研究。要知道,陈望道是中国倡行新式标点符号的先驱者,他在首译本中全面尝试采用了新式标点符号。新式标点和译文所用的白话语言一起,构成中文首译

---

[*] 本文系上海社科"建党 100 周年"系列研究项目"陈望道翻译《共产党宣言》及参与建党活动研究"(项目批准号:2017BHC018)系列成果之一。
[**] 霍四通,语言学博士,复旦大学中文系副教授。
[①] 2003 年 10 月 10 日,经"中国档案文献遗产工程"国家咨询委员会评审,上海市档案馆和中国国家图书馆、中国国家博物馆、浙江省上虞市档案馆联合申报的"《共产党宣言》中文首译本"入选第二批《中国档案文献遗产名录》(35 项)。详见国家档案局中央档案馆编《中国档案年鉴(2004—2005)》(中国档案出版社 2006 年版,第 118 页)。

本的重要特点,为首译本的广泛传播奠定了坚实的基础。

一、陈望道与新式标点符号

在五四运动之前,我国还主要用圈点法来表示句读。陈望道是提倡使用新式标点符号的先驱之一。(袁晖,2002)早在1918年5月,他就在《学艺》第1卷第3号上发表《标点之革新》一文,指出革新标点为当务之急:"中文旧式标点颇嫌太少,不足以尽明文句之关系,其形亦嫌太拙。当此斯文日就繁密之时,更复无足应用无碍也。"而要革新标点,就不可"盲遵古制"。陈望道主张应"旁取西标",并从标点的形易约定、形最妥适、法易更张、例易统总和用易施行五个方面进行了论证。文中介绍了逗点(即逗号)、辍点(即分号)、札点(即冒号)、住点(即句号)、疑问标(即疑问号)、警叹标(即感叹号)、夹注标(包括圆括号、方括号两种)、摘引标(包括单引号、双引号两种)、摇曳标(即省略号)、破折标(即破折号)等十余种西文标点。

五四新文化运动中,《新青年》杂志提出汉字"横行"倡议。这时陈望道正在日本留学。他在《横行与标点》的通信中,支持《新青年》的改革,赞成横行排印,鼓励"诸子既以革新为帜,我很愿诸子加力放胆前去",主张完全施行新式标点:"圈点与标点杂用,这是东人尾崎红叶的遗毒,诸子却有人仿他,而且前后互异,使浅识者莫明其妙——这不是缺'诚恳'的佐证么?"对陈望道的意见,钱玄同表现得较为保守,他表示:"原拟从本册(六卷一号)起改为横行。只因印刷方面发生许多困难的交涉,所以一时尚改不成,将来总是要想法的。至于标识句读,全用西文符号固然很好;然用尖点标逗,圆圈标句,仅分句读二种,亦颇适用;我以为不妨并存。"(陈望道,1919)

此后,陈望道先后发表了《点法答问——新式点法指南》①《新式标点用法》②《点标论第二·点标之类别》③等文,积极推广新式标点符号的应用。其中,《新式标点用法》(1919年10月)一文明确将新式标点分为点清词句"关系"的点类和标记词句"作用"的标类两大类。又将所有标点分为三组。点类主要是甲组,包括逗点(,)、停点(;)、集点(:)、住点(.)四种。乙组兼具"点""标"两种性质,包括问标(点)(?)和叹标(点)(!)两种。属于标类的主要是丙组,有提引标(''"")、夹注标(()〔〕)、附注标(1,2,3……)、搭附标(——)、虚缺标(……)、省略标(,或、)、音界标(·)、私名标(＿＿)、书名标(﹏﹏)九种。文中对这些标点符号的用法作了详细的举例说明。所有这些标点符号现在都仍在广泛使用,只不过在名称上有所变化;因为发表时《教育潮》已经实行横排,所以在形体上和现在通用的几乎一致(如引号,就已是""''而不再是『』「」的形式)。

陈望道在浙江省立第一师范学校的国文教学中大力推广使用新式标点。他拟订的全新的教授法大纲中,除了提倡白话文外,教授新式标点法是其中的一项重要内容。《新式标点用法》就是他在浙江一师文典课的讲稿。烈士汪寿华记录一师国文课教学情况的《日记一则》(1919年9月16日)④也生动地反映了陈望道在课堂上讲标点符号的情况。

1920年陈望道在《点标论第二·点标之类别》文中重申"旁取西标"的立场:"愚思制定新式,不如采用西制(此理已详本志⑤第三册拙著);而采用西制,又当稍加厘定——因西制

---

① 载《陈望道全集》第一卷,杭州:浙江大学出版社,2011年。(原连载于《时事学报·学灯》1919年3月12日、3月31日、4月1日、4月21日、4月22日、5月27日)
② 《浙江省立第一师范学校校友会十日刊》1—5号,又《教育潮》1919年第5期。
③ 载《学艺》第4卷,1920年3月。
④ 载《浙江一师风潮》,杭州:浙江大学出版社,1990年,第126页。
⑤ 指《学艺》杂志。

系历史的成绩,非是合理的组织也。"所以要着重找出"已为华文所采用及可为华文所采用者"16种,并"因其质性而类聚之",归纳成六类,"更就其质性而抽象之",而得"点""标"两个序列,从而建立了一个新式标点符号的完整系统。这个系统立足汉语特点和文化传统,对西式的标点符号加以适当的变通和改造。这种脚踏实地、大胆创新的科学作风在当时是难能可贵的。

正是因为陈望道等人的大力推动,从1919年5月起,从上海到全国,几百家报纸杂志纷纷采用新式标点。在这种形势下,1920年2月,国语统一筹备会制定出12种标点符号,提出了《请颁行新式标点符号议案》,由北洋政府教育部发布训令批准采用。自此,我国开始有了"标点符号"这一名称,其体例一直沿用到新中国的成立。

陈望道倡导新式标点符号的态度极其认真。由于采用新式标点符号的书刊越来越多,标点的用法一度比较混乱。陈望道呼吁确立并统一规范,对不正确的用法也及时提出批评。当时汪原放采用新式标点的《儒林外史》很受欢迎,陈望道就对该书的"符号说明"提出了商榷的意见,如针对感叹号的使用情况,他指出:"因为感情的招呼才得用叹标,并不是普通的招呼都须用这符号的。"再如他对书中"引标"前的标点使用的批评:

(1) 那瘦子道,「危老先生要算一个学者了!」那胡子说道:「听见前日出京时,(中略)看这光景,莫不是就要做官?」(第一回)①

陈望道指出,"第一个「道」字下用这逗点(,),第二个「道」字下用集点(:),不知是何道理!""老实说,这等直接称述处,决不宜用集点,更不宜分用逗集两种点。"②

二、中文首译本中标点使用情况

陈望道在推广新式标点符号的过程中,一直身体力行,在著述中积极采用新式标点符号。他的《共产党宣言》中文首译本使用了至少12种标点符号,其中点号6种、标号5种,及引用英文时所用的一处西式双引号。我们按照点号和标号两类分列如下:

2.1 点号

点号主要表示停顿,根据停顿的长短可分不同的级别,依次为顿号、逗号、分号、句号、问号和感叹号四级。冒号表示停顿的伸缩性较大。(胡裕树,1995)

中英两种译本③中,逗号都是标点中使用数量最多的。中文本稍少些,但数量也都超过了1 000。如中文首译本首句就含两个逗号(英文本此句用了破折号,无逗号):

(2) 有一个怪物,在欧洲徘徊着,这怪物就是共产主义。(第1页,中文首译本页码,下同)

同英译本一致,中文首译本中的逗号还包括了顿号的用法。④ 因为并列列举的用法较多,所以大幅增加了逗号的数量:

(3) 在古代罗马有贵族,骑士(Knight),平民,奴隶;在中世纪,有封建领主,陪臣(Vassal),行东,佣工,徒弟(Apprentice)和农奴。(第2页)

(4) 有了这种市场,商业,航业,陆路交通,便成就了绝大的发达;这种发达又转而促进产业底发展。产业,商业,航业,铁路,既这样发达,有产阶级,也照这比例发达,资本愈加增多,将中世纪留下的一切阶级,都尽情推倒了。(第4页)

(5) 无论医生,法律家,僧侣,诗人,科学家,都成了他们的工银劳动者。(第6页)

---

① 引号按原文的形式,下同。
② 陈望道(晓风),1921.评新式标点的《儒林外史》[J].民国日报·觉悟 2月16日。
③ 本文据以比较的英、日、中三种译本分别为:Marx, Karl and Frederick Engels, *Manifesto of the Communist Party*, Tran. Samuel Moore (with the assistance of Frederick Engels)1888;幸德秋水、堺利彦合译「共产党宣言」,《社会主义研究》1906年第1期;陈望道译:《共产党宣言:首版中译本》(影印版),上海:上海科学技术文献出版社,2011年。
④ 陈望道《新式标点用法》说:"凡是连用的几个同类单词、同类兼词,或同类分句,必须用逗点隔开。"《教育潮》1919年第5期)直到1922年,陈望道才在《作文法讲义》(上海:民智书局,1922年)的附录二《新式标点用法概略》中明确提出顿号。

比逗号停顿稍长的是分号：

（6）从封建社会底废址上发生的近代有产社会，也有免不了阶级对抗；不过造出新的阶级，新的压迫手段，新的争斗形式，来代替那旧的罢了。（第3页）

停顿较长、表示句子终了的是句号。但首译本中每个句子都包括好几个小句，由单句直接构成句子的数量极少，仅见于以下数例：

（7）我们还要禁止父母掠夺儿女。（第29页）

（8）劳动者并没有国家。（第31页）

（9）这『真』社会主义便要一箭射杀双雕了。于是就像瘟疫似的蔓延起来。（第45页）

以及第二章所论"十大纲领"中的前四款：

（10）（一）废止土地私有权将所有的地租用在公共的事业上。

（二）征收严重累进率的所得税。

（三）废止一切继承权。

（四）没收移民及叛徒底财产。（第36页）

问号和感叹号是点号和标号两栖性质的，但因其主要功能和句号一样，都表示句子的结束，现在一般都将其归入点号：

（11）那些在野的政党，有不被在朝的政敌，诬作共产主义的吗？（第1页）

（12）有产阶级，已将有名誉的受人尊敬的职业底荣光毁灭了！（第6页）

最后是表停顿伸缩性较大的冒号。冒号有时相当于句号，有时相当于分号，有时相当于顿号。以下两例对应的英译本原文也都使用了冒号：

（13）所以共产党的理论，一言以蔽之，就是：废止私有财产。（第23页）

（14）所以这个驳论，不过是这样一句话：『一旦没有甚么资本，就不会有甚么工银劳动了。』（第27页）

2.2 标号

标号中的着重号和括号在中文首译本中大量使用，构成首译本标点使用的重要特点。着重号主要用于标识人名、地名等专有名词；括号，主要用于对名词英文名称的注释。两者都未在英文本中出现：

（15）有一个怪物，在<u>欧洲</u>徘徊着，这怪物就是共产主义。旧<u>欧洲</u>有权力的人都因为要驱除这怪物，加入了神圣同盟。<u>罗马法王</u>，<u>俄国皇帝</u>，<u>梅特涅</u>，<u>基佐</u>（Guizot）法国急近党，德国侦探，都在这里面。（着重号，第1页）

（16）我们的时代，就是这有产阶级（Bourgeoisie）时代，他的特色就是把阶级对抗弄简单了。（括号，第3页）

有的括号则是用于编序：

（17）共产党直接的目的，也和别的一切劳动党一样：（一）纠合无产者团成一个阶级，（二）颠覆有产阶级底权势，（三）无产阶级掌握政权。（第22页）

这里用括号形式是为三个并列项编序，也是中文本独有的。

因为是直行排印，首译本中的引号仍是『和』形式。首译本的双引号主要用于标识专业术语，标识处一般和英文一致。其中包括书名号的用法：

（18）从此大规模的『近代产业』，便取代了手工工业底地位；豪富的实业家，产业军底总首领，近代的有产阶级，便把产业界的中等阶级降伏了。（第4页）

（19）<u>蒲鲁东</u>（Proudhon）底『贫困底哲学』（Philosophie de la Misere）就是这样社会主义底一个例。（第46页）

按照陈望道《新式标点用法》，这里应该使用"书名标"（书名号、波浪号）。英文原文用斜体标示其为书名，现行通译本[①]用书名号标识。但是中文首译本没有使用书名号，可能是将其理解成一个专有术语。

有的双引号还表示特殊含义，如下例的"真"含有一种轻微的讥讽义，当然这是和英文一致的：

（20）（丙）『真』社会主义（German or

---

① 中央编译局编译,2014.共产党宣言[M].北京：人民出版社.

"true" Socialism)（第 41 页）

在中文首译本中，双引号只有少数表示真正的话语的引用：

（21）所以这个驳论，不过是这样一句话：『一旦没有甚么资本，就不会有甚么工银劳动了』。（第 27 页）

首译本中，单引号与双引号功能类似，全都用于专业术语的标识：

（22）在资本家社会里活着的劳动者，不过是增加「屯积的劳动」（资本）的一个工具。（第 25 页）

（23）有的设立孤独的「社会主义植民地」（Phalansteres 是福利耶计划的），有的设立「家庭植民地」，（Home Colonies）有的想设立「小伊加利亚」（Icaria 是加伯理想乡底名称）。（第 52 页）

陈望道开始称破折号为"附注标"，后来将其起名为折标、搭附标、隔标、转变号等。在中文首译本中，破折号的形制稍短，仅为如今破折号长度的一半，略同于一字线形式的连接号。主要用于补充性的解释说明，尤其是单用的破折号，多用于举例说明：

（24）劳动者被制造家掠夺完了，到了用现金付给工资的时候，同时又被有产阶级底别一部分——地主，铺主，当店等等利用了。（第 13 页）

（25）可是他们反抗，并没有向着有产阶级的生产方法，只向着一些生产工具攻击；——捣毁同他们劳动竞争的输入品哪，敲碎新式机器哪，焚烧工厂哪，闹的都是这等事情。（第 14 页）

有的破折号成对使用，类似于括号注释：

（26）但有产阶级，不但锻炼了致自己死命的武器，还培养了一些使用武器的人——就是近代劳动阶级（Working Class）——就是无产阶级。（第 12 页）

（27）你们想把你们的生产方法和财产制度所造成的社会组织——就是随着生产进步而兴亡的历史关系——作为自然和真理永远不变的法则，这全是你们利己的谬想。（第 28 页）

中文首译本的标点符号主要参照英译本。但毕竟是两种语言，体现在标点的使用上也有不小的差异。除了上述的中文本特有的着重号外，像英文表示所有格的撇号（Apostrophe），中译本里也是完全没有的。我们将中英译本主要标点的统计数字列表如下：

版本 \ 符号 \ 数量	点号						标号				
	逗号	分号	句号	问号	感叹号	冒号	着重号	单引号	双引号	括号	破折号
英译本	1 137	68	473	18	9	19	无	无	34	11	18
中译本	1 090	95	454	20	9	19	105	5	36	80	13

可见，虽然不尽对等，但中英译本的标点符号在种类和数量上都比较接近。

三、首译本标点如何"神文字之用"

陈望道不仅积极提倡白话文，还是最早倡导使用标点符号、倡导文字横行的学者。他之所以大力倡行新式标点符号，是因为标点符号作为一种"文字标识"，可以帮助人们理解文字："文字之标识不完备，则文句之组织经纬时或因之而晦，而歧义随以叠出。而语学浅者，尤非恃此为导莫能索解。"[①]《标点之革新》一文结尾更一针见血指出："标点可以神文字之用。"

陈望道翻译《共产党宣言》的态度极其认

---

① 引于陈望道：《标点之革新》，《学艺》第 1 卷第 3 号，1918 年 5 月。

真。从标点符号的使用来看,陈望道对英译本的标点符号进行了较大幅度的调整,使得新式标点符号成为译文不可分割的一部分,增加了文本的可读性,成为推动《共产党宣言》中文首译本广泛传播的重要元素之一。

中文首译本在标点符号使用上主要有三个显著的特征,分别如下。

3.1 逗号的减少

第一个显著的特征,是中文首译本的逗号比英译本要少近50个。这是因为英译本小句多,逗号多。中译将逗号升级为分号、句号的对比例子如:

(28) 1. At first the contest is carried on by individual labourers, then by the workpeople of a factory, then by the operative of one trade, in one locality, against the individual bourgeois who directly exploits them. 2. They direct their attacks not against the bourgeois conditions of production, but against the instruments of production themselves; they destroy imported wares that compete with their labour, they smash to pieces machinery, they set factories ablaze, they seek to restore by force the vanished status of the workman of the Middle Ages.①

(29)(1)最初是各个劳动者反抗直接掠夺自己的那资本家;再进一步,就是工厂工人联合反抗;更一进步,便是一个地方同业工人合力反抗。(2)可是他们反抗,并没向着有产阶级的生产方法,只向着一些生产工具攻击;——捣毁同他们劳动竞争的输入品哪,敲碎新式机器哪,焚烧工厂哪,闹的都是这等事情。(3)他们的期望,只是用腕力来回复中世劳动者的故态。(第14页)

首译本将英译本的两句话改成三句话。英译本的第1句,中译本用了两个分号,代替英译本中的逗号。因为,"再进一步""更一进步"为独立的小句,所以逗号便自然升级为分号。英译本第2句,中译本在分号后增用了破折号,表示补充说明,并增译了总结性的"闹的都是这等事情",用句号结尾,将最后的一个小句独立为句子。类似的例子再如:

(30) 1. If anywhere they unite to form more compact bodies, this is not yet the consequence of their own active union, but of the union of the bourgeoisie, which class, in order to attain its own political ends, is compelled to set the whole proletariat in motion, and is moreover yet, for a time, able to do so. 2. At this stage, therefore, the proletarians do not fight their enemies, but the enemies of their enemies, the remnants of absolute monarchy, the landowners, the non-industrial bourgeois, the petty bourgeois.

(31)(1)有的地方团结稍为紧密的团体,那又不是他们自动的团结,全是受了有产阶级底利用。(2)当时,有产阶级为了政治上的目的,煽动全国的劳动者,并借重他们的力量。(3)劳动者在这时期里,攻击的并不是自己的敌人,是敌人底敌人;就是专制政体底遗物,地主,产业以外的富豪,小富豪等。(第14—15页)

英文第1句中,but of the union of the bourgeoisie后的逗号,中译本改作句号,从而分成(1)(2)两句。英文第2句中,but the enemies of their enemies后的逗号,中译本第(3)句对应处改作分号。

3.2 分号的增加

中译本第二个显著的标点现象是分号的数量增加了27个。英译本的正文里分号的使用约有68处,而中译本的分号使用约有95处。分号的使用明显增多。分号是表明小句层次的枢纽。分号增加了,说明很多段落的内部有了层次,有了条理。考察每一处增施的分号,都可见陈望道对译文做了进一步的加工,

---

① 为讨论方便,我们对以下部分引文(尤其是段落较长者)进行逐句编号,英语句子以"1,2,3……"为序,汉语句子以"(1)(2)(3)……"相区别;有的还将句内小句统一以"①②③……"编序。

在语义上进行了深度的层次分析和切分。译文层次和脉络更加清晰,更加便于读者理解。如:

(32) 1. ① When, in the course of development, ② class distinctions have disappeared, ③ and all production has been concentrated in the hands of a vast association of the whole nation, ④ the public power will lose its political character. 2. Political power, properly so called, is merely the organised power of one class for oppressing another. 3. ① If the proletariat during its contest with the bourgeoisie is compelled, ② by the force of circumstances, ③ to organise itself as a class, ④ if, ⑤ by means of a revolution, ⑥ it makes itself the ruling class, ⑦ and, ⑧ as such, ⑨ sweeps away by force the old conditions of production, ⑩ then it will, ⑪ along with these conditions, ⑫ have swept away the conditions for the existence of class antagonisms and of classes generally, ⑬ and will thereby have abolished its own supremacy as a class.

(33)(1) ① 这样渐次发展下去,② 阶级的差别自然消灭,③ 一切的生产自然集在全国民大联合底手中;④ 公的权力就失了政治的性质。(2) 原来政权这样东西,不过是这一个阶级压迫那一个阶级一种有组织的权力。(3) ① 劳动者和资本阶级战斗的时候,② 迫于情势,③ 自己不能不组成一个阶级,④ 而且不能不用革命的手段去占领权力阶级的地位,⑤ 用那权力去破坏旧的生产方法;⑥ 但是同时阶级对抗的理由和一切阶级本身,⑦ 也是应该扫除的,⑧ 因此劳动阶级本身底权势也是要去掉的。(第36页)

英译3句,中译亦3句。第一句,英译③④句之间的逗号,在中译相应地方升级为分号。第3句英译计13小句,中译为8句。由于小句数目较多,句子显得凌乱,所以中译将⑨⑩间的逗号升级为⑤⑥间的分号,形成两个层次,便于理解。

有的分号由句号降级而成。如:

(34) 1. ① The first direct attempts of the proletariat to attain its own ends, ② made in times of universal excitement, ③ when feudal society was being overthrown, ④ necessarily failed, ⑤ owing to the then undeveloped state of the proletariat, ⑥ as well as to the absence of the economic conditions for its emancipation, ⑦ conditions that had yet to be produced, ⑧ and could be produced by the impending bourgeois epoch alone. 2. The revolutionary literature that accompanied these first movements of the proletariat had necessarily a reactionary character. 3. It inculcated universal asceticism and social levelling in its crudest form.

(35)(1) ① 劳动阶级为达他目的的第一直接计画,② 发生在封建社会将要颠覆,③ 到处正在扰乱的时候,④ 这些计画遭了必然的失败,⑤ 一是因为劳动阶级还没有十分发达,⑥ 一是因为使他们解放的经济状况,⑦ 还没有出现;⑧ 那种经济状况,⑨ 是在迫切的资本阶级时代才发生的。(2) 所以这种劳动阶级最初运动的革命著作,自然带着复古的性质;内容是些普通的禁欲主义和粗疏的社会均衡论。(第48—49页)

英译本三句话,中译本两句话,是因为中译本将第二句话的句号降级为分号。这两句语义联系密切,停顿较小,降级是合理的。

中译本为了语义的显豁,将英文的逗号和句号分别改为分号:

(36) But the price of a commodity, and therefore also of labour, is equal to its cost of production. In proportion, therefore, as the repulsiveness of the work increases, the wage decreases.

(37) 但是商品底价值,总是跟着产出费涨落的;劳动也是一种商品,自然逃不出这个定理;所以工作越发简单,工资也就越发减

少。(第12页)

中译本将英译本两句话用两个分号标识的三个并列分句译出,语义层次更为清晰。英译本最后一个小句 repulsiveness of the work increases,日译本作"仕事の益々没趣味なるに",现在通译作"劳动越来越使人感到厌恶"。中译本没有采用直译,而是调整为"工作越发简单",便于理解。

3.3 总量的平衡

第三个显著的现象是,经过这么大幅度的调整,中英本的标点符号数目还是比较接近的。为什么?这是因为改动是双向的,所以一定程度上中和了改动的幅度。中译本都是根据具体的情况,在汉语句子表达关系调整的基础上对标点作具体的处理。有的沿用原文的标点,有的或增或删,或升级或降级,难以一概而论。不存在中英文之间标点一一对应,也不存在一定要将某种英文标点改成中文标点的严格转换关系。如:

(38) 1. But with the development of industry, the proletariat not only increases in number; it becomes concentrated in greater masses, its strength grows, and it feels that strength more. 2. The various interests and conditions of life within the ranks of the proletariat are more and more equalised, in proportion as machinery obliterates all distinctions of labour, and nearly everywhere reduces wages to the same low level. 3. The growing competition among the bourgeois, and the resulting commercial crises, make the wages of the workers ever more fluctuating. 4. The increasing improvement of machinery, ever more rapidly developing, makes their livelihood more and more precarious; the collisions between individual workmen and individual bourgeois take more and more the character of collisions between two classes. 5. Thereupon, the workers begin to form combinations (Trades' Unions) against the bourgeois; they club together in order to keep up the rate of wages; they found permanent associations in order to make provision beforehand for these occasional revolts. 6. Here and there, the contest breaks out into riots.

(39) (1) 可是一方面产业愈加发达,一方面无产阶级不但人数加增,而且渐次集中结成大团体,力量加大,对于自己力量的自觉也愈深了。(2) 而且,机器又抹去各种劳动底差别,因此劳动阶级间的利害关系和生活状况,就渐趋一致;工资又几乎到处降到同样低的水平。(3) 有产阶级里面,又渐起竞争,商业因此起了恐慌,劳动者底工资,也因此更被动摇。(4) 而且,机器不住的进步,使他们的生活刻刻不安;劳动者和资本家个人的冲突,又渐渐带着两阶级间冲突的彩色。(5) 于是乎,劳动者就结了团体(劳动联合)去对抗资本家。(6) 他们联合底目的,在于维持工资率。(7) 因为时时须得对抗,就设了个准备粮食的永久联合。(8) 这种对抗既成,便到处发生骚动的事了。(第15页)

这一段,英语6句,汉语8句。第一句的分号,在汉语中语气停顿较小,改成了逗号。而第二句则相反,英语中的逗号,汉译又变为分号;第四句里两版本中分号一致;英语第五句中的两个分号,在汉译时升级为两个句号。这样6句就译成了8句。

根据其他标点符号的使用情况,也可以窥见这个双向改动的特点。如《共产党宣言》第一段,英文有个冒号,后面进行列举,但在中译本中用两个句子表达,句号代替了冒号:

(40) All the powers of old Europe have entered into a holy alliance to exorcise this spectre: Pope and Tsar, Metternich and Guizot, French Radicals and German police-spies.

(41) 旧欧洲有权力的人都因为要驱除这怪物,加入了神圣同盟。罗马法王,俄国皇帝,

梅特涅,基佐(Guizot),法国急进党①,德国侦探,都在这里面。(第1页)

而英文中没用冒号但在中译本中改用冒号的也不乏其例。如下例的英文原文为逗号:

(42)这样团体,如果教交通不便的中世市民来团结,决非几世纪不行;多谢铁路与人方便,近代的无产者,只消几年便成就了。(第16页)

还有的冒号甚至是"凭空"添加的增译,如下例"他不外:"是对原文的增译,这里的提示语为英译本和日译本所无:

(43)他不外:一面用强压力毁坏生产力底大部分,一面开辟新市场,并尽量掠夺旧市场。(第11页)

而下例更能说明问题:英文的冒号,中文翻译将其译为文字"就是"表示;而英文的破折号则被替之以冒号:

(44) Our epoch, the epoch of the bourgeoisie, possesses, however, this distinct feature: it has simplified class antagonisms. Society as a whole is more and more splitting up into two great hostile camps, into two great classes directly facing each other — Bourgeoisie and Proletariat.

(45)我们的时代,就是这有产阶级(Bourgeoisie)时代,他的特色就是把阶级对抗弄简单了。社会全体现已渐次分裂成为对垒的两大营寨,互相敌视的两大阶级:这就是有产阶级和无产阶级。(冒号,第3页)

所以,从统计数字上看,中英文本的冒号都是19个,但是,结合具体语境,这19个冒号的使用可谓各个不同,需要逐一分析比较。

四、标点符号的版本鉴别价值

对于陈望道翻译《共产党宣言》所用的底本,过去存在一些争议。但从首译本中标点符号的使用情况来看,陈望道在翻译时同时参照两种译本的事实是确凿无疑的。过去被人忽视的标点,对于今天我们考察、鉴定《共产党宣言》翻译参考的底本,甚至对进一步搜集、鉴定排版印刷的信息,都有极为重要的研究价值。主要有:

4.1 参考英译本的证据

从标点符号的使用情况看,中译本在翻译时肯定是参考了英译本的。中译本绝大多数的标点符号都和英译本保持一致。如分号的使用和英译本完全一致的情况:

(46) Thus, the whole historical movement is concentrated in the hands of the bourgeoisie; every victory so obtained is a victory for the bourgeoisie.

(47)所以历史上一切的运动,都是有产阶级的运动;所得的一切胜利,也都是有产阶级的胜利。(第15页)

下例中的几处分号也和英译本中的完全相同。另外,冒号处日译本用句号,如果没有英译本参考,几乎无法判断该用什么标点:

(48) In this way arose feudal Socialism: half lamentation, half lampoon; half an echo of the past, half menace of the future; at times, by its bitter, witty and incisive criticism, striking the bourgeoisie to the very heart's core; but always ludicrous in its effect, through total incapacity to comprehend the march of modern history.

(49)封建社會主義は斯くの如くにして起りぬ。半は悲愁、半は譏刺、半は過去の餘響、半は將來の威迫。時に其の痛快銳利なる批評を以て紳士閥の心胸を刺す事ありと雖も、近世史の進運を解するの力に於て全く缺如せるが故に、其結果は常に滑稽に歸するを免れず。

(50)封建的社会主义,就是这样起来的:一半是悲哀,一半是讥讽;一半是过去底反响,一半是将来底威吓;虽然有时用痛快锐利的批评,刺击资本家底心胸,但全然缺乏了解近世

---

① 首译本误作"急近党"。

史前进的能力,结果总不免滑稽。(第37页)

除了分号外,逗号使用和英译本完全一致的情况极多,如:

(51) In political practice, therefore, they join in all coercive measures against the working class; and in ordinary life, despite their high-falutin phrases, they stoop to pick up the golden apples dropped from the tree of industry, and to barter truth, love, and honour, for traffic in wool, beetroot-sugar, and potato spirits.

(52) 所以他们在政治上的行动,常常赞成对于劳动阶级的压迫政策;他们日常的生活,也和他平日说的大话相反,他们专想拾产业树上落下的黄金果,他们专想假借真理,爱,和名誉,去换那毛,糖,和马铃薯的酒精。(第38页)

这段的标点符号,尤其是分号的使用和英译本一致。并列项之间用逗号,同英文完全一致;特别是两处并列项的最后一项前用逗号(即",和名誉"",和马铃薯")更显得很突出,因为现在的规范用法是不使用任何标点。"他们专想假借真理,爱,和名誉,去换那毛,糖,和马铃薯的酒精。"和英译本一致。日译本此处还画蛇添足地加了阐释,即"从毛,糖,和马铃薯的酒精产生的利益",首译本并没有采用。

下例中,两个分号和两个句号位置都和英译本相同。

(53) Historical action is to yield to their personal inventive action; historically created conditions of emancipation to fantastic ones; and the gradual, spontaneous class organisation of the proletariat to an organisation of society especially contrived by these inventors. Future history resolves itself, in their eyes, into the propaganda and the practical carrying out of their social plans.

(54) 这些发明家以为历史行动是要照他们自己所发明的行动;历史造成的解放条件,是要照他们空想的条件;劳动者渐次自发的阶级组织,是要照他们特别创造的社会组织。将来的历史是自然解决的,在他们看来,是要照他们的社会计划底宣传和实行来解决。(第50页)

虽然句式、小句数目和语序都有所调整(陈望道将"这些发明家"移至句首,日译本为五句),但标点符号的一致是很明显的。

4.2 参考日译本的证据

日译本是陈望道在翻译时的重要底本,这在词语的翻译层面可以清楚地看出来。① 而在标点符号层面,虽然日译本的标点使用和英译本有很大分歧,但部分标点符号也透露了陈望道参照日译本翻译的蛛丝马迹。这主要体现在日、中两个译本对重要名词的英文括注呈现较多一致上。如:

(55) 希臘の自由民(Freeman)と奴隷(Slave)、羅馬の貴族(Patrician)と平民(Prebian)、中世の領主(Lord)と農奴(Scrf)、同業組合員(Guild-master)(八)と被雇職人(Journey-man)、一言以て之を掩へば壓制者と被壓制者、此両者は古来常に相反目して或は公然、或は隠然、其戰争を繼續したりき。

(56) 自由民(Freeman)[②]和奴隶(Slave),[③]贵族(Patrician)和平民(Plebeian),[④]领主(Lord)和农奴(Serf),[⑤]行东(Guild-master)和佣工(Journey-man),总而言之,就是压迫阶级和被压迫阶级,从古到今,没有不站在反对的

---

① 参见石川祯浩:《关于陈望道翻译的〈共产党宣言〉》,《上海党史研究》1995年第2期;陈力卫:《〈共产党宣言〉的翻译问题——由版本的变迁看译词的尖锐化》,《二十一世纪》2006年第93期;王东风、李宁:《译本的历史记忆:陈望道译〈共产党宣言〉解读》,《中国翻译》2012年第3期等。
② 原无")"。
③ 原无"),"。
④ 原无","。
⑤ 原无","。

地位,继续着明争暗斗。(第2页)

有学者曾对日译本和陈译本的英文标注进行了对比统计,发现两个译本共出现47处标注,陈望道译本除了梅特涅、共产党两处没有标注外,其余标注位置完全与日译本相同。(陈红娟,2016)这个线索也证明了在陈望道的翻译中,日译本也是重要的参考底本。

4.3 首印本标点的排印

最后,标点符号的版本研究价值体现在标点符号的排印风格上。当时,使用新式标点符号完全是新生事物,各家印刷厂的排印方式不尽相同。像《新青年》(建设印刷厂)1918年第1期开始采用新式标点,对于怎么排这些标点,就曾考虑过几种方案。一种是标点符号排在字下,占一个字地位,缺点是遇到行头点不好办;另一种是排在字旁,也有个问题,就是有时候同字旁要排的专名号发生冲突;第三种是标点符号排在文字的一边,专名号排在另一边。(汪原放,2006)

《共产党宣言》中文首译本的标点符号(包括专名号)基本上单列一行,括号、引号、破折号在字下。这种排版风格和亚东图书馆出版的胡适《尝试集》(1920年3月,标点符号排在文字的一边,专名号排在另一边。1923年亚东版则将标点符号改排在字下,占一个字位置)及《独秀文存》都不同。首印本和《新青年》(1920年)及刚创刊的由又新印刷所承印的《共产党》杂志排版风格也不一致。这些出版物的标点都排在字下,书名号和专名号在字旁单列一行。同样的风格还见于同属"社会主义研究小丛书"的其他著作。如马尔西著、李汉俊译《马格斯资本论入门》是社会主义研究小丛书第二种,由1920年9月社会主义研究社出版,和《共产党宣言》中文首译本的标点符号排版也不同。这说明首印本的排字跟陈独秀相关的排版和印刷工厂关系有待进一步探究。

这方面我们目前掌握的资料还不多,但初步看来,《共产党宣言》中文首译本中标点符号的位置和浙江省教育会主办的《教育潮》杂志风格非常接近。该杂志从1919年第1号(1919年4月)创办起就有部分文章开始使用新式标点,以后各期使用新式标点的页码逐渐增加。这些页码的排印风格和首译本非常接近。《教育潮》至第5号(1919年11月)改用横行,全部使用新式标点。印刷者为浙江印刷公司。一师风潮后,该刊从第七期(1920年10月)改用竖行,甚至取消了新式标点,而使用更陈旧的圈点。

最后,由于刚开始使用标点,因为各种原因,首译本也难免有少数标点符号使用或排印错误的例子:

(57)(丙)"真"社会主义(German or 'true' Socialism)(第41页)

(58)社会主义和共产主义的学说就是圣西门(St. Simon),福利耶(Fourler),阿温(Owen)等人底学说,像前面曾说过,这都是在资本阶级和劳动阶级争斗还没有发达的时代发生的。(参照第一章)(第49页)

例(57)引用英文,也使用了原文的引号,但是出现了两个同向引号的错误;例(58)并用了逗号和冒号,也似不妥。

(本文原载《复旦学报(社会科学版)》2021年第1期)

[参考文献]

陈红娟,2016.版本源流与底本甄别:陈望道《共产党宣言》文本考辨[J].中共党史研究(3).
陈望道,1919.横行与标点[J].新青年(第六卷).
胡裕树,1995.现代汉语[M].上海:上海教育出版社.
汪原放,2006.亚东图书馆与陈独秀[M].上海:学林出版社.
袁晖,2002.汉语标点符号流变史[M].武汉:湖北教育出版社.

·中国修辞学会年会论文选·

试论语体特征对焦点操作策略的影响*

祁 峰

(华东师范大学国际汉语文化学院,上海 200062)

摘 要 本文旨在梳理对话语体和叙事语体中显性的语体特征,并分析这些语体特征的差异性对说话者采用焦点操作策略的影响。笔者发现,无论是在对话语体中,还是在叙事语体中,说话者都可以采用顺向焦点操作策略,但是在对话语体中,由于这一语体互动性语体特征的存在,使得说话者可以采用逆向焦点操作策略,主要出现在表示对比、表示排他、表示言外之意、表示主观态度或主观评价、表示追问和表示反问这6种情况。可见,语体特征对说话者采用不同的焦点操作策略有着一定的制约作用。

关键词 对话语体 语体特征 焦点操作策略

一、引 言

一说到语体,人们自然而然会想到口语体和书面语体之间的两大分类,但是关于语体的界定,学界却有不同的看法。根据袁晖、李熙宗(2005:3)的看法,语体是运用民族共同语的功能变体,是适应不同交际领域的需要所形成的语言运用特点的体系。汉语语体的研究主要集中在修辞学领域里,但是在最近20年的语体研究中,已有相当一部分的讨论是在语法学领域或者基于语法学的研究框架下进行的,如陶红印(1999,2007)、张伯江(2007,2012)、方梅(2007,2013)、冯胜利(2010,2012)等。根据施春宏(2019)的说法,语体研究的基本路径可以概括为修辞语体学和语法语体学,并阐释与之相关的两种语体观:修辞语体观和语法语体观。本文的论述重点不是为了区分这两种不同的语体观,而是希望梳理对话语体和叙事语体中显性的语体特征,并分析这些语体特征的差异性对说话者采用焦点操作策略的影响。

二、对话语体和叙事语体及其与焦点操作策略的对应关系

关于语体的分类,学界也有不同的看法。袁晖、李熙宗(2005:37—38)指出:语体从大的层面分为口头语体和书面语体①,口头语体又可以根据说话主体的单数和复数分为独白体和对话体,独白体只有一个人说话,是单向的信息输出活动,说话主体就某一个或某几个问题对听话人说明事理,发表见解,听话人不

---

* 复旦大学刘大为教授曾对本文的初稿提出过宝贵的意见和建议,笔者曾向中国社科院语言所方梅研究员请教过叙事语体的界定问题,在此深表谢意。

① 需要注意的是,不是说出来的话都是口语,像在正式场合说出来的话更接近书面语体(比如演讲),而书面阅读的文本也有差异,有些以书面作为媒介的语篇,其表达方式是接近日常生活的口语体(如报纸的某些事件报道),参看方梅(2007:1)。

参与谈话;对话体是两个或两个以上的人之间的谈话,每个参与者都是说话人,同时又是听话人,简单地说,就是两人或两人以上在一起交谈的口头语体。丁金国(2007:12—13)则强调对话语体的重要性,指出对话的基本表现形式是话语主体相互交替言谈,其宏观结构包括说者、听者和话题这三个要素,并将"对话"与"叙述、说明、论证、描写、抒情"并列为六种表达方式,作为语体普遍的构成要素之一。方梅(2007:3)区分了叙事语体和对话语体这两种语体,并指出叙事语体具有过程性、事件性、非互动性等语体特征,而对话语体则具有现场性、评论性、互动性等语体特征。

以往焦点理论中比较模糊的地方是没有严格区分焦点强迫形式①的焦点要求与说话者的焦点操作策略这两个层次,这是因为一般人们谈论的都是顺向焦点操作策略起作用的时候,也就是说话者顺应焦点强迫形式的要求的时候。

但是,在逆向焦点操作策略中,说话者不需要满足句中焦点强迫形式的焦点要求。比如,"是"作为焦点标记,它要求"是"后面的某一成分为句子焦点,而"是"自身以及"是"前的句法成分不能成为焦点。当然,这仅仅是"是"的要求,说话者完全可以与之相反,即以"是"自身或"是"前的句法成分作为句子焦点,而不给"是"后的句法成分以重音。

那么,具体到叙事语体和对话语体这两种语体,它们与说话者采用的焦点操作策略是怎么样的对应关系呢?笔者认为:在叙事语体中,主要是顺向焦点操作策略起作用,即叙述者一般根据焦点强迫形式来确定句子的焦点。因为叙事语体作为独白语体②,其互动性比较弱,而逆向焦点操作策略的采用更加依赖于语体的互动性特征,所以叙事语体对说话者采用

逆向焦点操作策略的要求并不是很强烈;而在对话语体中,顺向焦点操作策略或逆向焦点操作策略都可以起作用,特别是说话者对逆向焦点操作策略的采用,这是由对话语体的互动性这一语体特征所决定的。

三、语体特征对焦点操作策略使用的影响

在逆向焦点操作策略中,说话者需要证明自己的选择是正当的。那么如何来证明呢?就是要让自己的选择符合对话语体的语体特征要求,也就是说,是对话语体的语体特征要求使得说话者无法采用顺向焦点操作策略,而采用逆向焦点操作策略。

笔者以"是"字句为例,先看叙事语体的例句:

(1) 李四:**是**老张去了北京。③
(2) 王五:**上次**是老张去了北京。

如果单独地说上面的句子是不合理的,即在叙事语体中说话者采用逆向焦点操作策略。如果这样的逆向焦点操作策略要成立的话,那必须把上面的例句放在对话语体中。请看例(3):

(3) 甲:谁去了北京?
    乙:老张去了北京。
    甲:是老张去了北京?不可能吧!
    乙:**是**老张去了北京!

例(3)中,甲的反复询问实际上是不相信老张去了北京,这时乙为了反驳,才把"是"特别凸显使之成为句子焦点,意为"'是'而不是'不是'"。在这里,"是"除了是判断动词之外,还带上了强调语气,具有强调作用。我们不能因此说"是"要分出两个义项如判断动词和语气副词,实际上,它们都是一个"是",都是判断

---

① 焦点强迫形式可分为词汇性焦点强迫形式和句法性焦点强迫形式两类,其中词汇性焦点强迫形式主要包括焦点标记和焦点算子,句法性焦点强迫形式包括语序和一些特殊的句法格式,详见祁峰(2014)。
② 对叙事语体的语体界定有不同的看法。我们采用方梅(2007)的看法,即该叙事语体是指故事,也就是自己一个人独白的讲述。而李秀明(2013)指出,典型的叙事语体是为了表达人物在一个连续时间内的动作行为,具备两个基本特征:时间的连续性和施事的凸显性,所举到的例句来自老舍先生的《骆驼祥子》。
③ 例句中的字体加粗并加边框,表示给予该成分以特别重音,该成分是句子焦点,下同。

动词,语气功能是来自焦点的非常规配置,以及对话语体的制约作用。再如:

(4) 甲:听说上次是老张去了北京?

乙:是。

甲:⬚上次⬚是老张去了北京,这次该我了吧。

例(4)中,甲在这里强调"上次",是为了对比下文的"这次",如果没有对话语体的互动性特征,这里以"上次"为焦点是不可理解的,也就是说,说话者在这里采用逆向焦点操作策略,让"上次"成为句子的焦点,这源于对话语体的互动性特征。当然,为了提醒听话者,说话者自己在这里做了一个非常规的选择,即采用了逆向焦点操作策略,所以说话者一般需要给予该焦点成分以特别重音,以示强调。

那么,在哪些对话语体的情境中,说话者会采用逆向焦点操作策略呢?根据笔者的观察,主要有以下几种情况:

第一,表示对比。如例(4)。笔者再举一例,如例(5)中"是"要求"昨天"作为焦点,但因为"是"前的"我"与下文的"他们"构成对比关系,所以乙逆向选择了"我"作为焦点:

(5) 甲:你们是昨天来的?

乙:不,⬚我⬚是昨天来的,他们不是!

第二,表示排他。如例(6)中"必须"要求以"来"作为焦点,但因为乙暗含排除"小王"之外的人的意思,所以乙逆向选择了"小王"作为焦点:

(6) 甲:小王必须来。

乙:听见了吗?⬚小王⬚必须来!

需要注意的是,表示对比和表示排他这两种情况有时候也可以交叉在一起。例如:

(7) 甲:张三只喜欢⬚打排球⬚。

乙:⬚张三⬚只喜欢打排球,我们则兴趣广泛。

在例(7)这组对话中,甲已经说了"张三只喜欢打排球",所以不但"排球",连"只"都成了旧信息,它们都难以成为句子的焦点。乙选择了不在"只"管辖范围之内的主语"张三"作为句子的焦点,其话语目的是在"张三只喜欢打排球"之上再加上一个对比排他结构,也就是说,"张三"与"我们"之间形成对比,于是焦点强迫形式"只"被置于内层,其焦点要求不再被理会。

第三,表示言外之义。如例(8)中,官员甲问两个打官司的人"是谁有理",乙按照常规理解,所以回答的焦点在"是我有理"的"我"上;而丙听出了"理"的言外之义是指"礼(礼物)",所以他逆向凸显不在"是"的辖域内的"理(礼)",赋予它特别重音,以便引出言外之义。甲也逆向凸显"理(礼)",说明他问的焦点不在"是不是你"上,而在"有没有礼"上:

(8) 甲:一个个来!先问问你们,究竟是谁有理啊?

乙:我有理!是我有理!大老爷,我有理!

甲问丙:你呢?

丙:启禀老爷,是我有⬚理(礼)⬚!

甲:是你有⬚理(礼)⬚呀?

丙:是,老爷!

第四,表示主观态度或主观评价。如例(9)焦点算子"只"所约束的句法成分"排球"不能成为句子的焦点:

(9) 甲:张三喜欢⬚打排球⬚。

乙:是,张三⬚只⬚喜欢打排球。

这是因为甲已经说了"张三喜欢打排球",所以"排球"成了旧信息,为了合乎信息传递的原则,乙需要强调他与甲不同的地方,所以他不满足焦点强迫形式"只"的焦点要求,而是采用逆向焦点操作策略,给焦点算子"只"本身赋予特别重音,使它成为句子的焦点。这一操作必然带有说话者的主观态度,即乙是在对甲进行有限的反驳。反驳一般是说对方的命题为假,而有限的反驳只是说对方的命题的一部分不对,需要修正,以便更符合事实。

再如,例(10)中乙把"是"前的"当然"作为句子焦点,就是为了凸显他的主观意见:

(10) 甲:他是去的北京。

乙:他⬚当然⬚是去的北京。

第五，表示追问。如例(11)中乙没听清楚甲问话的内容，所以又追问一次，问现在是不是在讨论小王的事：

(11) 甲：小王喜欢谁？
乙：[小王]喜欢谁？

第六，表示反问。如例(12)中，句中疑问代词"谁"本来要成为句子焦点，但乙逆向选择了谓语核心"碍着"，以此表明不是在问谁，而是在问是否有"碍着"的情况出现，进一步也就是否定"碍着"情况的出现：

(12) 乙在宿舍里放音乐。
甲：你还让人睡吗?!
乙：怎么音乐也不让听了?!我[碍着]谁了！

以上是6种在对话语体中说话者采用逆向焦点操作策略的情况。可以说，正因为上述情况有互动性语体特征的存在，才使得说话者可以采用逆向焦点操作策略。当然，在对话语体中，说话者也可以采用顺向焦点操作策略，即根据焦点强迫形式来确定句子的焦点，这跟说话者在叙事语体中采用顺向焦点操作策略的情况是一样的。也就是说，无论是在对话语体中，还是在叙事语体中，说话者都可以采用顺向焦点操作策略，但是在对话语体中，由于该语体互动性语体特征的存在，使得说话者可以采用逆向焦点操作策略，这就是本文论述的重点，即语体特征对说话者焦点操作策略的使用产生了制约作用。

但是，这里也有一种特殊情况需要注意，就是在叙事语体中表示语篇话题的时候，说话者也可以采用逆向焦点操作策略。如例(13)的老师甲课堂讲课，当句子中有"只、必须"等焦点强迫形式时，他依然将其辖域外的句首"主语"作为句子的焦点，这是因为他下面都要围绕"主语"这个语篇话题展开叙述，为了引起听话者的注意，他刻意强调"主语"这个语篇话题：

(13) 甲：现在让我们来谈谈"主语"……[主语]只出现在句首，而且必须是名词性成分……

四、结 语

对于句子焦点的确定方式，本文区分了焦点强迫形式与焦点操作策略这两个不同的层次，并认为只有重音才是焦点的表现形式。其他所有的焦点表现形式，无论是词语上的焦点表现形式，还是句法上的焦点表现形式，都是焦点强迫形式，即它们要求受自己约束的某一句法成分成为句子的焦点，此时，说话者既可以采取顺向焦点操作策略来满足它们的焦点要求，也可以采取逆向焦点操作策略不满足它们的焦点要求，所以它们最终并不能决定句子的焦点。

而在说话者采用逆向焦点操作策略的时候，对话语体的语体特征对焦点操作策略的使用起到了制约性的作用，也就是说，不同语体(包括对话语体和叙事语体)的语体特征能够对句子焦点的确定产生不同的作用，即语体的差异性会导致语法规律的差异性。总的来说，对话语体相对于其他类型的语体，包括叙事语体以及书面语体，在句子焦点的确定上，更能体现区分焦点强迫形式与焦点操作策略这两个层次的意义。

最后需要指出的是，关于对话语体和叙事语体及其他语体的语体特征，还需要进一步细化不同的语体特征，并将这些具体的语体特征跟说话者焦点操作策略的使用相结合，从而进行更为全面的分析。关于这方面的内容，将有待于进一步研究。

[参考文献]

丁金国,2007.语体构成成分研究[J].修辞学习(6).
方梅,2007.语体动因对句法的塑造[J].修辞学习(6).
方梅,2013.谈语体特征的句法表现[J].当代修辞学(2).
冯胜利,2010.论语体的机制及其语法功能[J].中国语文(5).
冯胜利,2012.语体语法："形式—功能对应律"的语言探索[J].当代修辞学(6).
胡明扬,1993.语体和语法[J].汉语学习(2).
李秀明,2013.语体特征与句型选择：以叙事语体和描写语体为例[J].绍兴文理学院学报(6).
刘大为,2013.论语体与语体变量[J].当代修辞学(3).
祁峰,2014.现代汉语焦点研究[M].中西书局.
施春宏,2019.语体何以作为语法[J].当代修辞学(6).

陶红印,1999.试论语体分类的语法学意义[J].当代语言学(3).

陶红印,2007.操作语体中动词论元结构的实现及语用原则[J].中国语文(1).

袁晖,李熙宗,2005.汉语语体概论[M].商务印书馆.

张伯江,2007.语体差异和语法规律[J].修辞学习(2).

张伯江,2012.以语法解释为目的的语体研究[J].当代修辞学(2).

预期与反预期评注在小句内的兼容模式与功能*

邵洪亮

（上海外国语大学国际文化交流学院,上海 200083）

提 要 预期与反预期评注可以在同一个小句内兼容,其兼容模式以预期与反预期评注性副词在"状位并存连用"为主,且"反预期〈预期〉"数量远多于"预期〈反预期〉"。预期与反预期评注兼容表达了"言者反预期＋他人预期"和"言者反预期＋言者预期"两种复合预期功能,也具有双重预设触发功能。预期与反预期双重评注既是交互主观性的体现,也是言者自身矛盾心态的表现,但凸显的仍然是言者自身的反预期,这跟反预期评注性副词的焦点表述功能明显强于预期评注性副词有关。

关键词 评注性副词 预期 反预期 意外范畴 语气兼容 交互主观性

一、引 言

评注性副词是位于句中状语位置或句首位置,表达言者对命题的主观态度、评价和情感的一类词。笔者曾综合前人的研究成果,将齐沪扬主编的《现代汉语语气成分用法词典》(2011)中所列的 207 个语气副词（即笔者所谓的"评注副词"）分为功能和意志两个大类。功能类包括疑问和感叹,意志类包括确认、揣测、必要、意愿、料悟、侥幸等。其中,确认类又包括证实、指明、确信。揣测类又包括或然和必然。料悟类又分为预期、反预期、领悟和契合。(邵洪亮,蔡慧云,2019)

通过语料考察,笔者发现即使一个小句内也经常会有两个或以上的评注性副词共现的情况,其中不乏语义上明显相互抵牾的评注性副词在小句内兼容的现象。主要涉及以下三组:"或然＋必然"评注、"确信＋或然"评注、"预期＋反预期"评注。例如:

(1) 如果把优秀的文艺作品和那些庸俗低级的作品科以同等的律法,不加区别,那[恐怕][必然]导致简单化,粗暴对待。（或然＋必然）

(2) 看来这[的确][好像]是场很公平的决斗。（确信＋或然）

(3) 忧伤悲叹,总想找一个酷似女儿之人,作为她朝夕思慕的亡女的遗念。[竟]想不到的是,[果然]得到了这女子。（反预期＋预期）

张谊生(2016)曾对确信与揣测评注（从该文的语料来看主要就是我们所指的"确信＋或然"评注）的兼容模式、表达功能、合用动因进行过较为详细的研究,并指出,对于这样一种

---

* 基金项目：本研究是国家社会科学基金项目"互动语言学视野下的汉语语气成分的功能与兼容模式研究"(16BYY133)的阶段性成果之一。

看似自相矛盾的表达方式,"当前语言学界关注还很不够,几乎还没有什么直接的有针对性的研究成果"。

本文将进一步重点考察、分析其中预期与反预期评注在同一个小句内的兼容模式。其中,预期性评注副词重点考察"果然""当真""果真",反预期性评注副词重点考察"竟然""竟""居然""倒""倒是""反倒"。值得一提的是:在反预期评注性副词中,"倒""倒是""反倒"的反预期语气相对弱一些;在预期评注性副词中,"果然"比较典型,"果真""当真"则是表确认评注的预期评注性副词。笔者也发现了"果真""当真"当作"真的"来用的例子,那是凸显其确认评注,另当别论。不过,有时确认与预期确实不太容易分辨,因为需要使用确认评注的前提是事先已经对事件的结果有了必然性或是或然性的揣测,这些也都可以看作是某种程度上的预期。

本文考察了北京大学汉语言研究中心(CCL)语料库的相关语料。本文例句均引自 CCL 语料库,故不再作特别标注。

二、预期与反预期评注在小句内的兼容模式

一般认为,预期评注表示言者(包括作者,下同)对事件结果已经有一个预期,而事件的结果与这一预期是相符合的,即在言者的意料之中。反预期评注表示事件的结果与言者的预期相违背,即出乎言者意料。预期与反预期显然是互相抵牾的,但笔者发现这两类评注性副词有时可以在一个小句内共现。其共现的方式主要有以下四种情况。

2.1 句中状位并存连用

句中状位并存连用是指预期与反预期评注性副词处于句中状语位置连续使用,中间没有间隔。该兼容模式只有"反预期〈预期〉"(即反预期评注性副词在前、预期评注性副词在后)这样一种情况。例如:

(4) 她爱他,这是最糟的地方。没想到眼泪、争吵和愤怒[竟然][果真]会没有用!他只能出于一种不是自发的欲望来爱她。

(5) 谁知,等他们端着水杯回到黄国栋的办公室后,李卫东[竟然][当真]向黄国栋撒娇说:"老板,我原本觉得今晚入职培训就能完成。"

(6) 他们两人八字一配,他就要漂洋过海,还说他们两个聚少离多,现在[竟][果然]一一应验。

(7) 纯粹是由于他的过人才智和不修边幅,他[倒][果真]把宪法课变得极有趣味了。

该模式在 CCL 语料库中检索到 92 例。一般认为,例(4)~(7)中的"竟然""竟""倒"均属于反预期评注性副词。"果真""当真""果然"则属于预期评注性副词。这种情况,其中的预期评注与反预期评注都是全幅评注,其评注范围均关涉整个命题。

2.2 句中状位间隔合用

句中状位间隔合用是指预期与反预期评注性副词同处于句中状语位置,但它们中间有间隔。该兼容模式也只有"反预期〈预期〉"这一种情况。例如:

(8) 想想这件事真倒霉,我们[竟]没能[当真]胜利地把他当做我们的俘虏带回来。

(9) 倘连自己都不敢面对真实,又如何颂扬真善美呢?我所担心的[倒是]是不是[果然]认识了真实,是不是瞎子摸象。

该模式语料非常之少,在 CCL 语料库中仅检索到 4 例。这种情况,尽管预期与反预期评注在一个小句内共现,但其辖域是不同的,并未真正产生抵牾:其中的反预期评注"竟""倒是"是全幅式管辖,评注范围关涉整个命题,而其中的预期评注"当真""果然"是半幅式管辖。如例(8)中的"竟"表达了"我们没能胜利地把他当做我们的俘虏带回来"是出乎言者意料的,而"当真"表达了"胜利地把他当做我们的俘虏带回来"是符合言者预期的,因此两者并未产生抵牾。后面的讨论将排除这种情况。

2.3 外附全句和内附谓语

外附全句和内附谓语是指预期评注性副

词处于句首,反预期评注性副词处于句中状语位置,即该兼容模式只有"预期〈反预期〉"这一种情况。例如:

(10) 我目光过处,仿佛看到有人刺了个汉字。仔细一看,[果然]此君[竟]刺了一个"出"字,在右手臂上。

(11) 运气很好,那伤口真的愈合起来,任何事情,只要碰到我这匹声誉显赫的好马,什么奇迹都会发生![果真],嫩枝[竟]在马体内生下了根,而且日益成长,不久就在我的头顶上结起了一顶华盖。

该模式语料也比较少,在CCL语料库中仅检索到8例,均是由"果然"外附全句。因为"果然"是一个兼有关联功能的评注性副词,故小句句首也是其常处的句法位置,加上与之共现的反预期评注性副词"竟"是单音节的,无法移至句首位置,所以在外附全句和内附谓语的这种情况下,只出现"预期〈反预期〉"兼容模式也是可解释的。这种情况,尽管预期与反预期评注性副词所处的句位不同,但其中的预期评注与反预期评注仍然都是全幅评注,其评注范围均关涉整个命题。

2.4 内附谓语和内附补语

内附谓语和内附补语是指反预期评注性副词处于句中状语位置,预期评注性副词内置于句中补语的修饰语位置,即该兼容模式只有"反预期〈预期〉"这一种情况。例如:

(12) 而眼前,人们[居然]把万乘之尊的刘皇叔安排得[果真]如此"不以臣卑鄙",来替他的丞相看守大门,这岂又是套用社会等级制度就能解释了的?

该模式语料也是极少,在CCL语料库中仅检索到此1例。这种情况,尽管预期与反预期评注性副词所处的句位不同,而且反预期评注内嵌到了补语位置,但我们发现其中的预期评注与反预期评注都是全幅评注,其评注范围均关涉整个命题,如果把例(12)中"果真"的位置提到状语位置"人们[居然][果真]把万乘之尊的刘皇叔安排得如此'不以臣卑鄙'",句义保持不变。

总之,本文通过CCL语料库共搜集到预期评注性副词和反预期评注性副词在小句内共现的语料共计105例,除去前面提到的"句中状位间隔合用"的4例管辖范围不一致的情况,属于真正预期与反预期评注在小句内的兼容的情况共计101例。其中各兼容模式语料数量和占总语料的百分比统计如表1:

表1 预期与反预期评注在小句内的各种兼容模式占比情况

预期与反预期评注的兼容模式	句中状位并存连用	外附全句和内附谓语	内附谓语和内附补语	总计
数量(条)	92	8	1	101
占比	91.1%	7.9%	1%	100%

三、预期与反预期评注在小句内兼容的特点

3.1 "反预期〈预期〉"数量远多于"预期〈反预期〉"

"反预期〈预期〉"和"预期〈反预期〉"在总语料中的占比统计如表2:

表2 "反预期〈预期〉"和"预期〈反预期〉"的占比情况

兼容模式	反预期〈预期〉	预期〈反预期〉
数量(条)	93	8
占比	92.1%	7.9%

根据表2,预期与反预期评注在小句内的兼容模式中,"反预期〈预期〉"的数量远远多于"预期〈反预期〉"的数量。可见,在实际交际中更常出现的是"反预期〈预期〉"的兼容模式。

从各类语气成分的共现情况来看,一般情况下,都是句子最外层的语气成分决定了整个句子的语气。如果是评注性副词,即最左

边(前边)的评注性副词处于最外层;如果是句末语气助词,则是最右边(后边)的句末语气助词处于最外层。笔者发现,当预期与反预期评注在小句内兼容时,几乎所有的句子在整体上仍然都是为了凸显违反言者预期、出乎言者意料的,因此,绝大多数都是反预期评注性副词位于预期评注性副词的前面。这就使得预期与反预期评注的兼容模式中"反预期〈预期〉"的数量远多于"预期〈反预期〉"的数量。

3.2 以"状位并存连用"为主

预期与反预期评注在小句内的兼容模式中,又以评注性副词"状位并存连用"兼容模式为主。"状位并存连用"占91.1%,其他两种兼容模式合起来共占8.9%。这说明"状位并存连用"是预期与反预期评注在小句内兼容的优势模式。

笔者考察的预期评注性副词主要包括"果然""果真""当真"等,反预期评注性副词主要包括"竟然""竟""居然""倒""倒是""反倒"等。统计发现,单音节反预期评注性副词在前的兼容模式(如"竟果然""倒果然"等)多达89例,双音节反预期评注性副词在前的兼容模式("竟然果真""竟然当真"等)则只有4例。单音节语气副词在句中本来就没有双音节语气副词灵活,只能处于句中状语位置而无法前置独用,因而当它与双音节的预期评注性副词共现的时候,以句中状语位置并存连用的兼容模式为主也就可以解释了。

四、预期与反预期评注在小句内兼容的功能

4.1 复合预期功能

按理,预期与反预期评注在一个小句内兼容是不符合逻辑的,因为事件的结果如果符合预期就不可能说是违反预期,或者违反预期就不可能是符合预期。但是大量的语料却证明两者是可以兼容使用的,这就产生了特殊的复合预期的表达功能。这里所指的复合预期包括"言者反预期+他人预期""言者反预期+言者预期"两种情况。

4.1.1 "言者反预期+他人预期"的复合预期功能

我们发现,不管是"反预期〈预期〉"还是"预期〈反预期〉"的兼容模式,绝大多数情况都是表达"言者反预期+他人预期"的复合预期功能。此处的"他人"如果再细分的话还可以分出受者(包括听者和读者,下同)以及受者之外的其他人(即第三方,包括言语中指明的人物或言语中未指明的其他人物)。在一些语境中"他人预期"具体到底是谁的预期,界限并不十分清晰。

事实上,复合预期的表达重点仍在凸显言者的反预期,表达一种出乎意料和事情的极不合理性;但相对于单纯的反预期表达,复合预期表达还反映出言者自身对某个结果在某些特殊条件下是否出现原本也不是确定的,因而利用"他人预期"反映出这种矛盾心态。这里的"他人"很可能也是不确定的甚至是虚拟的,只是反映了言者自身对某个极不合理或不合逻辑的事实非常不相信它会发生却又不确定是否会发生的一种心态。因此,这种"言者反预期+他人预期"的复合预期事实上仍然是以一种特殊的方式来反映言者自身复杂、矛盾的主观态度。例如:

(13) 我不要蓝的,她却说,像我这种手戴上蓝手套才好看呢。这一说,我就动了心。我偷偷看了一下手,也不知怎么的,看起来[倒][果真]相当好看。

(14) 后来,事实[倒][果然]验证了蒋介石的话,他对自己的妻兄宋子文可以说一直留有情面。

例(13)通过前面一个句子,可以知道有人觉得"我"的手"戴上蓝手套才好看",而事实上看起来也确实是好看的,正好符合他人(有可能也包括听了此一说之后的受者)的预期,因而言者使用了"果真"。同时,言者又在"果真"前加了"倒"来表达自身的一种反预期,即言者原先不认为自己的手戴上蓝手套会好看,但事实是它还真的好看,这是有些出乎言者意料的,因而"倒"的使用是言者主观性的外在表现

形式。不过,尽管该结果不是言者预期的,但事实上言者对该结果也是不确定的,因而利用这样一种特殊的"言者反预期+他人预期"方式来反映言者自身复杂、矛盾的主观态度。例(14)"验证了蒋介石的话"是违反言者预期的,但这个结果可能符合包括受者在内的他人的预期,言者同样是利用这样一种特殊的"言者反预期+他人预期"方式来反映自身矛盾的主观态度。

综上分析,可以认为"他人预期"实则也有着言者的主观印记,包含着"言者预期",即"言者反预期+他人预期"的复合预期功能本质上应该是"言者反预期+他人预期(包含言者预期)"。

4.1.2 "言者反预期+言者预期"的复合预期功能

预期与反预期评注在小句内兼容,除了大多表达"言者反预期+他人预期"的复合预期功能之外,还有部分表达的是"言者反预期+言者预期"的复合预期功能。尽管言者预期与反预期集于一身,并且都是全幅式管辖,但实际上它们分别评注的是两个不同的事件结果,并非真正的相抵牾。例如:

(15) 我目光过处,仿佛看到有人刺了个汉字。仔细一看,[果然]此君[竟]刺了一个"出"字,在右手臂上。

(16) 据当地人讲,山的名字源自突厥语,意思是"空山"。然而谁也没想到,苏联人[竟][果真]把这座山变成了空山。

例(15)使用"果然"说明"此君刺了个汉字"是符合言者预期的,而且前面也提到"我目光过处,仿佛看到有人刺了个汉字"。使用"竟"说明"此君刺了一个'出'字,在右手臂上"则是违反言者预期的。也就是说,此君刺了个汉字是言者意料之中的,但其在右手臂上刺了个"出"字则是言者意料之外的。因此,表面上抵牾的两种评注在小句中并非真正的相互抵牾。例(16),之所以认为它不可能表达他人预期是因为前面说到"然而谁也没想到",所以使用"竟"说明"苏联人把这座山变成了空山"是违反言者预期的,使用"果真"说明苏联人把这座山变成了空山之后,使得这座山真正的名实相符,这又是符合言者预期的。同样,"竟"和"果真"评注的是两个不同的结果。

4.2 双重预设触发功能

预设不是语句中直接表达的信息,而是"说话人认定的双方可理解的语言背景,属语用范畴"(文炼,2002)。

预期与反预期评注在小句内兼容具有双重预设触发功能,并由此可以推导出语句的背景信息。例如:

(17) 纯粹是由于他的过人才智和不修边幅,他[倒][果真]使宪法课变得颇有趣味了。

(18) 信中孙眉说,自己到了夏威夷,已经度过了最困难的时期,向政府领了一块地。[果然]几年后,他[居然]成了手有余资的新富人。

例(17)如果不使用评注性副词"倒"和"果真",句子只是一个客观的表述"他使宪法课变得颇有趣味了"。受者无法从中推断出更多的背景信息。但是加上了这两个评注性副词之后,情况则不同:使用预期评注性副词"果真",句子便有了一个预设,即有人认为"他会使宪法课变得颇有趣味"。使用反预期评注性副词"倒",句子则有了另一个预设,即言者事先认为"他不会使宪法课变得颇有趣味"。上述的这两个预设正是通过句子中的预期与反预期评注推断出来的背景信息,就是说,预期与反预期评注在小句内兼容时具有双重预设触发功能。

同样,例(18)中使用"果然",句子便有了一个预设,即读了孙眉的信之后,可能有人会认为"几年后,他会成了手有余资的新富人"。使用"居然",句子则有了另一个预设,即言者事先没有想到"几年后,他会成了手有余资的新富人"。

预期与反预期评注在小句内兼容时所带来的双重预设,使得语言的表现更显张力,颇具修辞色彩,在特定的语境中可以产生丰富的表达效果。

五、预期与反预期评注在小句内兼容的动因与理据

5.1 交互主观性的体现

主观性是指言者在交际的时候总是不断地表明自己的主观评价、态度和情感，留下自己的主观印记。如果言者表达主观性的时候蕴含着对受者主观态度的兼顾和观照，言者自身的主观性就上升为交际双方的交互主观性(intersubjectivity)。交互主观性体现了言语交际中言者对受者的关注，照顾到受者的观点、态度或面子等。(沈家煊，2002)交互主观性的表达特点之一便是有表示言者对受者关注的标记语，言语的表达隐含更多的言外之意。(Traugott, Dasher, 2002: 22—23)

相互抵牾的评注性副词在小句内兼容的现象(包括"或然＋必然"评注、"确信＋或然"评注、"预期＋反预期"评注)，很多都是由交互主观性驱动使然，是交互主观性的一种体现。

就预期与反预期评注在小句内的兼容现象来看，很多情况也是言者在表达对某个事件结果出乎意料的同时，兼顾了受者对该事件结果在某种程度上的预期。例如：

(19) 少年时想从举业上飞黄腾达的同学们都饱尝了世路坎坷，落得灰心丧气，更莫望能为良相，你[倒][果然]成为良医了。

(20) "那就顺水推舟，让日本人承担罪过去呀！""嗯，这是得跟日本人说，看他们怎么办。"吴铁城[倒][果真]从秘书这里受到了启发。

例(19)"成为良医"是违反言者预期的，因而言者使用了反预期标记"倒"。但这个结果是符合受者预期的(根据原文是受者从小的心愿)，言者同时兼顾到了受者的立场，因而同时使用了一个预期标记"果然"。

同样，例(20)秘书在前面提出过一个建议，言者认为受者可能会因看到了秘书的建议而有了一个"吴铁城会从秘书这里受到了启发"的预期，而事件结果是符合这一预期的，所以其中的"果真"正是言者站到了受者立场，观照

受者主观态度，表述受者预期的，而其中的"倒"则表达了"吴铁城从秘书这里受到了启发"这个事件结果在一定程度上是出乎言者意料的。

不过，人际交往现象学模式表明，交际双方在人际交往过程中，映射到言者甲头脑中的受者乙的形象与乙的真实形象并不完全吻合，因为甲头脑中乙的形象归根结底是甲的意识的产物。(王宏印，2012：290—291)因此，即使某些表达是甲出于对乙的观照，但这种表达本身仍会带上甲自身的主观印记。比如前例(19)(20)，尽管事情的结果不是言者预期的，但事实上言者对该结果在特定条件下是否会发生也是不确定的，因而利用这样一种特殊的包含交互主观性的表达方式来反映言者自身复杂、矛盾的主观态度，并表明出乎自己的意料。

5.2 言者自身矛盾心态的表现

根据前述，正是由于交互主观性的趋动，使得言者在表述时不仅仅表达自身的主观感受，同时还要兼顾到受者的视角。除此之外，言者还可能兼顾的是受者之外的其他人(即第三方)的视角。不管言者兼顾的是受者视角还是受者之外的其他人的视角，可以认为，言者正是利用了这种"他人预期"反映自身的一种矛盾心态，因而这种"言者反预期＋他人预期"的复合预期事实上仍然是以一种特殊的方式来反映言者自身复杂、矛盾的主观态度，从而在不同的语境中产生不同的表达效果。例如：

(21) 说来也怪，真应了八姥子的话，八舅后半生的荣耀，[竟][果真]和这几个"光葫芦"连在了一起。

例(21)通过"八姥子的话"，包括受者在内的其他人可能对"八舅后半生的荣耀和这几个'光葫芦'连在了一起"有了一定的预期，结果确实符合预期，故言者观照了他人的主观态度，使用了"果真"。同时，言者使用"竟"来表达自身的一种反预期，即言者事先并不认为舅后半生的荣耀会和这几个"光葫芦"连在一起，但结果与此相反，因而是出乎言者意料的。其

实,不仅仅"竟"的使用是用来表达言者的主观态度,"果真"的使用虽然是对他人主观态度的一种观照,也难免打上了自身的主观印记,表达"他人预期"也反映了言者自身的一种复杂、矛盾心态：言者虽然不认同会发生这种事实,觉得出乎意料,甚至认为不可思议,但在当时的这种特定条件下,还真有可能会发生这种事情,结果是"果真"发生了这种事情。因此,预期与反预期双重评注本质上也是言者自身一种复杂、矛盾的主观态度的形式表征。

预期与反预期评注在小句内兼容,除了为表达言者对某一结果会否实现的矛盾心态之外,也有可能是把针对不同事实的预期与反预期纠缠在了一起,如前例(15)(16)。关于这一点,笔者不再赘述。

5.3 不同预期的兼顾与凸显

由于客观事实的复杂性和多面性,加上不同人之间因所处立场、信息渠道、视角、观念、思维方式等等的差异,往往会对事件的结果形成不同的预期。根据前述,预期与反预期评注在小句内兼容,主要就是为了兼顾他人(即受者或者受者之外在言语中指明或未指明的其他人物)的预期,而实际上也是兼顾自己复杂、矛盾心态的另一面。例如：

(22) 老郑认为这个产品本厂有着独特的优势,市场别人不好占领,不如压库待售。[果然],几个月后,这一产品[竟]成为抢手货。

例(22)根据老郑的看法,事件的结果"这一产品成为抢手货"是他所预期的(同时也可能成了受者的一种预期),句子中"果然"便是指事件的结果符合言语中指明的人物老郑(可能还包括受者)的预期,但言者用"竟"同时表达了自己的预期和事件的结果相反,是出乎意料的。

当然,预期与反预期评注在小句内兼容,也可能是为了兼顾自身对不同事实的预期与反预期。例如：

(23) 我见他神志异常清醒,担忧这是回光返照。[果然],这次见面,[竟]成永别,当天下午就传来了陈云同志逝世的噩耗。

例(23)言者之前有过"担忧",因而陈云同志的逝世是在言者意料之中的,故后面的小句使用了"果然",但同时,言者跟陈云同志的这次见面成了永别,又是出乎言者意料(或者说是言者根本不敢去想也不愿意去想的),所以小句中还使用了"竟"。

总之,预期与反预期评注在小句内兼容,其中一个原因便是言者想要同时兼顾他人预期和自身反预期,或者同时兼顾自身的预期和反预期。因此,在日常交流中,人们在语感上能够接受预期与反预期双重评注出现在一个小句中,也就可以解释了。

但兼顾的同时,预期与反预期在小句内兼容,主要目的仍然在于凸显言者的反预期。其中占绝大多数的"反预期〈预期〉"的兼容模式,由外围的反预期评注决定了言者出乎意料的语气意义,这是容易理解的。而真实的语料表明,即使是"预期〈反预期〉"这种兼容模式,整个句子归根到底还是凸显言者自身反预期的。我们看以下两个小句的变换：

(24) 现在[竟][果然]一一应验。(违反言者预期＋符合他人预期)

↓(去掉"竟")

(24′) 现在[果然]一一应验。(符合言者预期)

(25) [果真]他接下来[竟]向她道起歉来。(违反言者预期＋符合他人预期)

↓(去掉"果真")

(25′) 他接下来[竟]向她道起歉来。(违反言者预期)

例(24)整个句子显然属于反预期评注(即违反言者预期)。如果把前面的评注性副词"竟"去掉,变换成(24′),则属于预期评注(即符合言者预期)。因此,要保持原句语气意义不变,"竟"是不可以省略的。也就是说,"反预期〈预期〉"兼容模式中反预期类评注副词不可以省略。而例(25)和(25′)两个句子显然都属于反预期评注(即违反言者预期)。也就是说,使用在前的预期类评注性副词"果真"的隐现并不影响言者的反预期评注。因此,不管是

"反预期〈预期〉"兼容模式还是"预期〈反预期〉"兼容模式,其实都凸显了言者的反预期评注。当然,一般而言,越是能表达言者交际意图的评注性副词,其位置越靠前,因此相对而言,在表达反预期评注时,"反预期〈预期〉"兼容模式的使用频率远高于"预期〈反预期〉"兼容模式也就可以解释了。

齐沪扬(2002:219—220)认为不同类别的评注性副词(作者称之为"语气副词")的焦点表述功能强弱不同。具体表现为:料悟评注性副词＞可能评注性副词＞允许评注性副词＞能愿评注性副词。其中料悟评注性副词就包含本文研究的预期与反预期评注性副词。由此可知,相对于其他小类的评注性副词,预期与反预期评注性副词的焦点表述功能是最为突出的,即具有强焦点表述功能。而根据本文前面的考察分析,预期与反预期评注在小句内兼容,凸显的仍然是反预期评注,因此可以进一步得出结论:就料悟评注性副词内部小类而言,反预期评注性副词的焦点表述功能又是明显强于预期评注性副词。

[参考文献]

齐沪扬,2002.语气词和语气系统[M].安徽教育出版社.
齐沪扬,2011.现代汉语语气成分用法词典[M].商务印书馆.
邵洪亮,蔡慧云,2019.定位语气副词的构成与特点[M]//对外汉语研究(20),64-79,商务印书馆.
沈家煊,2001.语言的"主观性"和"主观化"[J].外语教学与研究(4),268-275.
王宏印,2012.现代跨文化传通:如何与外国人交往[M].南开大学出版社.
文炼,2002.蕴涵、预设与句子的理解[J].世界汉语教学(3),5-9.
张谊生,2014.现代汉语副词研究[M].商务印书馆.
张谊生,2016.揣测与确信评注的兼容模式及其功用与成因[J].世界汉语教学(3),331-341.
Traugott E.C., Dasher R.B., 2002. *Regularity in Semantic Change*[M]. Cambridge: Cambridge University Press.

修辞"认同"视域下社会-认知语用观的若干理论局限与思考

秦亚勋

(长安大学,西安 710064)

摘 要 社会-认知语用观近来备受国内学界瞩目,然而既有研究尚限于语用学内部的引介和借鉴,鲜少自外而内的理论观照和反思。本研究以当代西方修辞"认同"理论为参照,对社会-认知语用观研究对象局限于日常随意言谈以及由此导致的"涌现性意向"概念的理论不足进行剖析和思考;同时,结合"认同"的变体概念"契同",对日常随意言谈的功能作了修辞再界定,并探明了日常随意言谈中"后释意向"的修辞理据。

关键词 社会-认知语用观 认同 日常随意言谈 涌现性意向 契同

一、问题的提出

语用学前沿视角"社会-认知语用观"(socio-cognitive approach, SCA)作为"交互文化语用学"(Intercultural Pragmatics)的理论基础(Kecskes, 2014),体现多元文化语境视角下的交际观,超越了"针对单一语言文化语境下语用现象及其语用阐释的传统路径",突破了传统语用学的理论瓶颈,使得语用学的研究范围得以显著拓宽(冉永平,宫丽丽,杨青,2018)。作为践行"解放语用学"号召、摆脱西方既有研究框架的理论典范,SCA以开放姿态吸纳东方文化因子,从何自然、冉永平、何刚、张峰辉等语用学学者贡献的中国智慧中获得了一种"依附于汉语之上的独特语用学思维"(Kecskes,2014:vii),开辟了语用学科范式创新的新思路。

然而,截至目前,国内既有研究尚止于语用学者对SCA的引介和借鉴,由于"不管所引介的是哪一种理论,单纯介绍其创建者或倡导者的自我表述或阐述都必然达不到对该理论的全面、中肯、深刻的了解"(刘亚猛,2020),故而亟须由"他者"学科视角催生的批判性理论观照与反思。西方修辞学(下称修辞)与语用学作为在"合作中竞争"又在"竞争中合作"的两门"对应"(antistrophos)学科(Liu, Zhu, 2011),都以语言应用为研究对象,彼此越界互鉴,早有先例(秦亚勋,姚晓东,2019)。对于本文此番的考察对象SCA而言,由当代修辞思想大师Kenneth Burke开创的"认同"(identification)理论将有利于洞悉其若干理论局限并可就如何克服提供启发借鉴。

二、SCA与修辞"认同"理论的互鉴基础

SCA与修辞"认同"理论有着深厚的学理渊源。SCA之所以倡导个体心理认知因素和社会文化语境因素的互动融合,根本上是因为"人类具有双重本质:同时既是个体性的人,又是社会性的人"(Kecskes,2014:6)。认知视角的核心概念如"前经验""凸显""自我中心""注意"等所带有的心理学色彩已是有目共睹的事实;社会视角的核心概念如"具体情景语境""关联""合作""意向"等,则意在突出交际者作为社会群体的成员与生俱来的社会性(sociality),其交际活动必然植根于交际者所属言语社区的特定政治、文化、信念、习俗及价值观念集合。

SCA与"认同"理论有着相似的学科背景。Burke早期就对Freud精神分析学说中内涵不断衍变的"认同"概念情有独钟,后来一度以"post-Freudian"(后弗洛伊德式)自我定位(Burke,1978);不过,Burke并未止步于此。社会心理学家George Herbert Mead亦曾反复论及"认同",并呼吁超越个体心理学,转从社会存在模式阐释个体身份和自我属性(Graff, Winn,2011:105),Burke由此受到极大启发,从而有效突破了Freud的束缚。Burke后来意识到修辞全面渗透于人类的社会化过程,指出修辞预设受众的先在性,其本质的一个方面就是"被致辞"(addressed);修辞者本人可以成为自己的受众,站在外部的共情视角对自身头脑中"内部审议"(inward deliberation)的心智过程进行监控调节。至此,Burke实现了对人的个体认知视角和社会视角的统一阐释(Burke,1969:38—39)。

SCA和"认同"理论在兼顾说者、修辞者和听者、受众这一双向视角上亦有契合。20世纪中期,话语互动观念在西方思想界勃兴。语用学作为一门新兴学科,从互动观念获得了其当代基本理论形态,如既有语用理论均试图体现言者和听者的互动关系(刘亚猛,2008:301—302),然而在事实上仍然存在过分侧重"受众设计"(recipient design)和说者"意向识别"(intention recognition)的倾向。SCA则意在反拨这一倾向,对说者言语的生成机制及过程和听者的理解、接受及应对给予同等重视(Kecskes,2014:53—56)。

上述西方话语互动观念的勃兴也平息了传统修辞学的一个重要争议:受众究竟是听凭修辞者摆布,还是拥有议事会成员和法官般的裁决权(Aristotle,1991:1354b),其心智状态极大地施限于演说者的雄辩(Cicero, 1942:24)?伴随西方公共领域准入门槛的持续降低,双向互动式的商讨逐渐取代单向独动式的说服。带有平等交互含义的"对话""会话"和"交流"跃升为关键词;"受众"因其消极

被动意味而让位于体现平等双向互动的"对谈者"(interlocutor)(刘亚猛,2008:300—301)。在这一智力语境下,Burke对过于强调结果的"说服"不以为然。为了纠偏,他倡议以"认同"概念取代"说服"作为修辞的中心概念,格外强调修辞者在说服实践中对受众的心智、情感、行为等内外部特征的有效因应(Burke,1969:55)。与此同时,Burke(1969:xiv)也特别申明"认同"其实是"说服"的附属(accessory)概念,最终目的依然是揭示说服的深层运作机制,并无意于否定说服。所以,他的认同理论是一个以"认同"为关键词、兼顾修辞者和受众双向互动的修辞说服理论。

学理渊源是不同学科领域比较互鉴的一个重要使能条件(enabling condition)。下文拟以修辞"认同"理论为参照系,从"认同"与"说服"两大关键词着眼,辨明SCA的若干理论局限并作出相应的理论思考。

三、修辞"认同"理论观照下SCA研究对象的局限及其根由

SCA"间文化"(interculture)概念与修辞认同理论的"居间地带"(mediatory ground)概念的内涵有着相当的契合,两者的比较让我们首先得以管窥SCA研究对象的局限。

Kecskes(2010)认为,"共知基础"不仅指涉交际双方作为同一言语共同体(语言社区)成员,基于先前的互动和经验而在其大脑中共享的相对静态(但有历时性变化)的一般性知识或观念,也包括"出现于交际过程中或受现实情景语境触发而建构的动态性具体知识"(Kecskes,2014:160)。前者被称为"核心共知基础",后者被称为"涌现性共知基础"。SCA对内在认知和外在社会因素两个侧面的区分和整合,既是满足"信息律令"(informational imperative),也是遵循"人际联结律令"(affiliational imperative)(Enfield,2008:223),以期构建一个双方即时共享的"间文化"。这一"间文化"处于不稳定和不充分的认知状态。交际者一方面在潜意识层受制于先前的核心共知基础,致使会话中的注意资源(attention)具有自我中心倾向;同时又因其"社会性"而在意识层面对之努力超越,及时获取对方即时涌现的新信息并随时调整己方会话内容和策略;故而交际并非信息的单向顺利传递,而是一个双方通过"尝试—错误—再尝试"以彼此顺应的曲折渐进过程。

"认同"概念的情况与之相类。认同预设着先在的"离隔"(division)。Burke(1969:22—25)曾提出一个在很大程度上近似于"间文化"的"居间地带"概念:交战双方既有仇恨的离隔,也有利益的聚合,故而在"居间地带"既可以搏杀,也可以斡旋(请留意mediatory的双关义)。修辞互动中也同样存在类似于"间文化"那样双方可以共同感知和认领的"居间地带"。目标受众因离隔而天然"不合作"或者阻抗(resistance)(Liu,Zhu,2011),修辞者要想进入"在言辞、姿势、声调、形象、态度、思想等方面做到和他并无二致"(Burke,1969:55)的"居间地带",即与受众进入一种同中有异、暧昧微妙的"一体"(consubstantiality)状态,唯有先从关于受众的观念、预设和态度的预判出发,在与对方的斡旋中及时掌握其认知状态和外部形势的变化,继而随时调整或补充自己的言辞。这样的斡旋显然也是一个由试错和修正构成的曲折渐进过程。

然而,同样是带有顺应性的曲折渐进过程,SCA视域下交际双方在交际话语中建构的"间文化",本身就是结果和终点。而"认同"理论的"居间地带"乃至"一体"和"认同",则只是一种阶段性策略和手段,终极目的乃是"欲取姑予":以之与目标受众进行观念"交换"(transaction)。这种"交换"尤其体现修辞者因意欲对受众进行说服而"对之有所求"(刘亚猛,2004:135)的说服任务之中。

造成上述差异的一个主要原因在于语用与修辞学科定位的不同。"修辞学是最古老的人文学科,语用学则是在现代社会科学框架内发展起来的一门学科"(刘亚猛,2015)。"人文"与"科学"概念内涵上的大异其趣,很大程

度注定了语用与修辞两门学科的一个巨大反差,即"语用关注的是为人使用的语言,修辞关注的则是使用语言的人"(Ilie,2018:113)。进而言之,语用的核心关注是具体交流语境中交际者选取的表达和理解是否正确或准确(姚晓东,秦亚勋,2017);修辞的核心关注则是特定修辞形势下,修辞者如何运用非暴力的说服性象征手段解决具体事务(Green,1990:11)。正如下文所示,SCA和"认同"理论分别对应于上述两种核心关注。

SCA并未脱离传统语用学的核心关注。这从其多处重要理论表述便可获见,如"拥有相似历史、经验和世界知识的交际者更容易达成相互理解";语用能力的体现,就是能恰当地整合各种语法知识,生成连贯语篇,便于目标受众理解;而交际双方之所以通过磋商、修正彼此文化模型和规范来建构间文化,也是为了确保充分的会话"共解"(mutual interpretability)(Kecskes,2014:151—154)。如例(1):

(1) JILL: I met someone today.
JANE: Good for you.
JILL: He is a police officer.
JANE: Are you in trouble?
JILL: Oh, no.(Kecskes,2014:157)

按照SCA,"I met someone today"建构的现实情景语境,促使Jane将其默认解读为Jill想要分享一次浪漫邂逅。然而在Jill点明"someone"的警官身份后,Jane结合其核心共知基础"遇到麻烦才会跟警官打交道",及时修正了之前的理解。随着Jill的后续澄清,这一会话[准确地说,是SCA因其关注而截取的"语篇片段"(discourse segment)]便告完成。也就是说,只要双方根据彼此的反馈建构起动态的间文化,使得双方最终正确理解彼此话语,交际即告成功。

对于以利用"实践智慧"(phronesis)解决实际事务为旨归的修辞而言,由于修辞形势、双方认知水平以及兴趣利益等多重因素的制约,最终的共同理解并不必然达成,甚至也并不必要。换言之,修辞对意义的生成和理解并非不感兴趣,而是将意义的生成和理解看作是产生效果的一个中间步骤、重要手段或基本条件(刘亚猛,2017)。正缘于此,I. A. Richards对修辞是"探讨误解的形成及解决方法"的定位、Wayne Booth通过系统求索双方共知基础的"求同修辞"(rhetorology)而倡导的"倾听修辞"(listening rhetoric)(陈小慰,2018),都因为与修辞解决实际事务的定位不符而始终未能成为主流意见。Burke则不同。其"居间地带"概念虽然和"间文化"一样,都是不断试错后呈现的结果,但"间文化"的功能止于对双方即时知识状态的客观汇集;而"居间地带"则是一个蕴蓄说服性象征资源的临时"交易"场域,以"认同"为观念母体,以探明说服的运作机制和困难程度为理据(raison d'etre),俾使修辞者从中予取予求,促成受众对双方进入"一体"状态的主观感知,确保修辞者预期目标的实现。

事实上,作为由话语领域的"神词"(god term)衍化而成的指称不明的"虚词"(titular term)(秦亚勋,姚晓东,2014),communication既可以是单向独动特征的"传达",也可以是双向交动特征明显的"交流"或"交际"(秦亚勋,杨雯琴,2017);其目标既可以是生成意义,也可以是产生效果(刘亚猛,2017)。职是之故,一方面,语用与修辞从这两种目标各取其一,分别确立独特的学科属性和定位、构拟本学科的学理逻辑、标划自身的学科边界,本是应然;但另一方面,也正缘此,"不同文化背景人士之间(面对面)发生的交际"的宽泛表述早已成为"跨文化交际"的标准定义(Gudykunst,2002:179),由是观之,则举凡跨文化交际实时情境下发生的口头交流[①]——从并不传递实质性信息的日常寒暄(phatic communion),到学习和工作中一般信息的话语交换,再到高

[①] 鉴于当代传播媒介的迭代更新,实时情境下的口头跨文化交际也可以不必面对面。

度机构性场合下寸步不让的论辩和谈判——都理应进入 SCA 的视域。

SCA 研究对象的局限至此得以窥见：综观以 Kecskes 的专著 *Intercultural Pragmatics*(2014)为代表的既有相关研究,SCA 的研究对象主要限于日常随意言谈(loose talk)(尤其是普通或者较为初级的二语学习者之间);而由于交际者在日常随意言谈中一般不涉及明显的利害关系,并不携带明确的说服意向,故而大多止于信息语义层面的正确阐释和理解(对于二语和二语文化尚不娴熟和精通的二语学习者,更是如此),SCA 专注于话语的表达和理解也就不难理解了。然而,单一的日常随意言谈显然无法表征实时跨文化互动的全部图景。人类安身立命的场域是一个万象纷纭的"仓房杂院"(the human barnyard)(Burke,1969:xvii),因此,与随意言谈相比,其日常生活中同样习见的还有起于各种诱因的观念输出、观点分歧、价值信念不合甚至利益冲突等带有明确说服意向的交际互动类型。这时,仅仅做到话语命题和语义层面的"共解"显然不够,势必要诉诸以"认同"诱发说服的修辞策略以解决争议。

四、从 SCA 研究对象的局限到其概念 "涌现性意向"的理论不足

SCA 研究对象的局限,致使其核心概念"涌现性意向"(emergent intention)的理论不足也同步显现。见例(2):

(2) JOHN: Want to talk about your trip?
 PETER: I don't know. If you have questions …
 JOHN: OK, but you should tell me …
 PETER: Wait, you want to hear about Irene?
 JOHN: Well, what about her?
 PETER: She is fine. She has … well … put on some weight, though. (Kecskes 2010:60)

会话中,John 谈论 Peter 某次旅行的初始意向被后者谈论 Irene 的涌现性新意向替代。Kecskes 认为,后者的这一涌现性新意向是在"会话流"(conversational flow)作用下双方共同建构的。Kecskes(2014:31)接受了 Haugh 和 Jaszczolt(2012)关于说者(预期)意义和共同意义的二元划分,前者属于话语层面上说者主观的加工处理范畴,后者则属于语篇层面的人际互动范畴。交际者既可以因其自我中心和注意资源的潜意识诱导而表达某特定意向,开启会话,也可能因交际者丧失对该交际意向的兴趣、语言障碍、感到不便等因素而突发变换。Kecskes(2014:25)承继 Haugh(2008)关于意向在语篇中地位模糊的思想,进一步提出,交际并不全然依托 Grice 意义上的言者意向进行;意向因其"模棱性"(equivocality)而不应成为交际的核心关注。然而,Kecskes 似乎并未意识到自身的局限:其"涌现性意向"概念主要适用于交际者没有明确说服意向的日常随意言谈。对于带有交际者明确说服意向的其他交际场合——即修辞互动——来说,首先,意向的"涌现性"和"模棱性"难以获得理论加权;其次,新话题的涌现并不等于新意向的涌现,两者不可一概混为一谈,而且两者存在微妙复杂的耦合与戏动的可能。

传统修辞中,人本主义范畴的"作者意向"(humanist category of authorial intention)概念(修辞主体性)的地位虽然一度遭遇后现代解构主体性思潮的冲击,但不仅从未被真正撼动,后来反倒愈加稳固(Muckelbauer,2008)。纵观修辞思想史,传统修辞一贯凸显修辞行为在意识意向层面的"明确设计"(explicit design)(Burke,1969:35)。Burke(1969:4)也认为修辞(说服)既有明确的受众,也有明确的意向。他借助"戏剧五元模式"(dramatic pentad)再度强调,修辞作为身受特定局限和约束的人们所采取的象征性行为,从来都是有备而生,必然受到特定明确的动机或意向的驱动(Rountree,Rountree,2015)。后来,又涌现出多个支撑概

念:如"修辞性意向"(rhetorical intent)(Enos,1976);又如将动机视为修辞者基于对修辞形势的研判而先设的具有内在连贯性(coherence)的"策略性意向"(strategic intent),即意向的设定应满足"连贯性修辞"(coherent rhetoric)的基本要求(Mantere,Sillince,2007)。

在日常随意言谈中,要么没有先前而稳定的明确交际意向,要么即便有,也可能因为交际者并没有具体的交际任务和强烈的说服意向而随时发生转换,交际过程中话题的变换往往意味着新意向的涌现(Grice,1989),如例(2)所示。然而,对于修辞互动来说,说服作为其终极指向,天然预设着修辞者特定说服性意向或动机的先在(无论是否被受众察觉),如果互动中突发话题转换,则至少存在以下两种情形:

第一,说服者(persuader)启动的话题转换。其定位是服务于该说服者的初始意向、因时因境制宜实施的权宜策略,即 Burke 和当今"语用-辨证"学派(pragma-dialectics)作为一种修辞策略而提出的"机变"(strategic maneuvering),而并非即时涌现的新意向。如例(3):

(3) SUSAN: Coming for a drink?
ANDY: Sorry, I can't. My doctor won't let me.
SUSAN: What's wrong with you?
ANDY: I'm now running a fever.
SUSAN: I'm sorry to hear that. Then, come and have some lemonade. Please, please do give me an opportunity to take care of you …
ANDY: Well … actually I have a girlfriend … [作者根据 Kecskes(2014:9)的补充的]

SCA 倡导以语篇片段(discourse segment)代替单个话语(utterance)作为分析单位,则伴随该会话片段的逐渐展开,可有如下解读过程:Susan 的初始话题是邀请 Andy 喝酒,此时的初始意向存在与初始话题一致的可能;在 Andy 初次拒绝后,Susan 提出了一个涌现的新话题以示对 Andy 的关切;待到对话结束,Susan 的真实初始意向趋于明朗——她想制造机会追求 Andy。可见,首先,Susan 的初始话题并不同于其真实初始意向;其次,Susan 关切 Andy 身体状况的涌现性新话题并未偏离其真实初始意向,也即其初始意向是具有内在连贯的修辞性或策略性意向,新话题的涌现是辅助 Susan 实现初始意向的一种修辞"机变"。

第二,说服对象(persuadee)启动的话题转换。对此,说服者应密切结合己方的初始意向,对之因势利导、巧妙利用乃至操控,不可能也不应该对任何涌现的新话题和新意向听之任之。假设例(3)的会话有如下后续内容:

……
SUSAN: Yeah, I know. I saw you have a terrible quarrel with her the other day …
ANDY: She is too obstinate and never takes my advice.
SUSAN: I don't think it wise for women to turn a deaf ear to kind advice. I never do like that.

例(3)中,Andy 通过引入一个涌现的新话题令 Susan 的真实初始意向曝光。Andy 的这一新话题并未导致 Susan 放弃追求他的初始意向。相反,Susan 通过描述 Andy 和他女朋友争吵的场景暗示二人感情不和,继续为自己争取赢得对方欢心的机会。在 Andy 受此诱导表达对其女朋友的不满后,Susan 通过明示自己与其女友的不同寻求与 Andy 的认同,再次为自己争取机会。后续整个过程体现了 Susan 作为说服者,密切结合自己的初始意向,对作为说服对象的 Andy 因势加以利导乃至策略操控。

五、作为"认同"变体概念的"契同"(communion):日常随意言谈之功能再审视

如前面两小节所示,SCA 聚焦于日常随意言谈而忽视了带有修辞者明确说服意向的交际话语类型,并由此导致其"涌现性意向"概念的理论不足。需要说明的是,日常随意言谈不牵涉修辞者的明确说服意向并不意味其与说服无涉,这一点关系到我们对日常随意言谈的再认识。本文接下去拟继续借助修辞"认同"理论视角,重新审视日常随意言谈的功能。

Burke(1969:172)指出:"哪里有说服,哪里就有修辞;而哪里有意义,哪里就有说服。"这一"大修辞"观清晰表明,即便交际话语表面上不受任何明确的修辞者说服意向的驱动,就其本质而言,亦必因其带有的意义而具有客观内蕴的"说服性"(persuasiveness)。这一话语客观内在的"说服性"与修辞者的主观"说服意向"截然不同:后者针对明确的受众,带有明确的意向;前者面向的则是抽象的受众,没有明确的意向。传统修辞历来注重修辞者的显性意向以及精心谋划收到的效果,Burke 的"认同"理论则认为,修辞话语可以是有意识的,也可以是半意识(semi-conscious)甚至无意识的,存在"刻意程度"(degrees of deliberateness)的差别(Burke,1969:35),"从促销和宣传之类赤裸裸的谋求利益,到恋爱求偶、社交礼仪、教育和宗教布道,直至毫无私密意图驱动的纯粹性自我取悦,都是说服"(Burke,1969:xiv),从而在事实上将所有人类话语都纳入了统一的理论框架。在 Burke 看来,人类话语由于具有意义而具有内在说服性,又由于具有内在说服性而天然带有修辞动机,但这种带有天然修辞动机的话语和带有显性说服意向的话语其实分别位于同一个连续统的两极,而最复杂、最重要也最有趣的修辞类型则是两极之间的那一大块中间区域。

这一中间区域的重要构成部分就是日常随意言谈,其特点为"没有充分的精心谋划,但也不是完全无意识的行为",处于"漫无目的的话语和意向明确的话语之间"(Burke,1969:xiii);其作用就是"社群成员通过对自身和他人的修辞行为增进社交凝聚力"(Conrad, Malphurs, 2008)。作为中间区域的日常随意言谈带有一种吊诡性(paradox)——由于话语内在的说服性以及交际者之间的理性互动,日常随意言谈常常呈现如下特征:交际者可以针对具体交谈话题进行带有一定说服意向的讨论乃至论争,但这些讨论乃至论争因为并不涉及重大利害冲突而具有暂时的和局部的性质,即便表现出一时的激烈对抗性,但无碍于积极建构性的长期和总体功效。当然,并非所有日常随意言谈都会涉及带有模糊说服意向的对抗性,作为日常随意言谈中备受学界关注的一个典型类别,寒暄因其几乎与说服和对抗全然无涉而被赋予突出的社交价值,被认为虽然"并不传递实质性信息,但对于创建、维持和增进友好关系具有重要的潜在意义"(Cruz, 2013)。下文即以寒暄为切入点,对日常随意言谈的修辞属性作一管窥。

Phatic communion 的限定词 phatic 源自古希腊语,含 spoken 之义,中心词是 communion,有两个词根 com、union,分别表示 together、whole。"寒暄"的社会性由此不言而喻。我们的讨论也因此涉及另一个重要的修辞学概念"契同"(communion)。这一概念由与 Burke 并称为"新修辞"(New Rhetoric)运动"双子星座"的 Chaim Perelman 提出,具有两个相关的突出特征:一是 Perelman 受到其导师兼同事 Eugène Dupréel 的以"社会和睦"(rapports sociaux)为内核的社会学思想启发而提出的,故而"契同"的"首要意义就是作为一个社会学概念";二是同时也从 Burke"认同"思想汲取了灵感,是与"认同""趋同演化"、内涵相近的"同根词"(Graff, Winn, 2011:109)。

Burke 曾将"交流"视为"说者"通过形塑言说内容与"听者"(spoken-to)建立"契同"(commune with)的修辞行为(Burke, 1969:271)。受此影响,Perelman 认识到,一

直被斥为"退化的雄辩样式"的"表现修辞"(epideictic speech)其实能够有效强化和巩固受众对社群公共价值观念的信奉,在受众心目中营构一种"联结感"(sense of solidarity)或"团体精神"(communal spirit),于是正式提出了"契同"概念。然而,"契同"的作用并未停留于此。Perelman(1979:7)认为它和"认同"一样,通过造就一个"心智共同体"(a community of minds),能"将受众在认知和态度上的改变转化为毅然采取相应行动的心态和意向"(刘亚猛,2008:330)。在这个意义上,"契同"和"认同"一样,体现了一种面向未来的预见性(anticipatory and preparatory)(Graff, Winn, 2011:110):说服可以是缓慢长期的过程,在修辞者的说服行为可能于未来某个时刻遭遇竞争或者抵抗的时候,他通过表现修辞与受众业已造就的社群公共价值观念上的"契同"就将发挥"影响倍增器"和"行动意向发生器"的巨大功效。

沿循上述思路,并结合所涉的词根义,则不妨将 phatic communion 重新理解为"话语契同"。这一视角下,寒暄并不是 Malinowski(1923:476)所认为的"随意和漫无目的的社交中使用的语言",前文提及的"纯粹性自我取悦"等个体头脑内部没有"刻意程度"的"纯粹说服"(pure persuasion)话语类型才更接近于此;而寒暄较之"社会性"更强,故而具有较低的"刻意程度"。至此,可综合以上分析,重新界定日常随意言谈的功能:日常随意言谈并未止于即时交际中"提升社交凝聚力和友善的基本互动机制"(Cruz, 2013),而是同时也濡染着泛在的修辞动机,是"半意识"状态下(不体现交际者的显性说服意图)带有较低"刻意程度"的长效修辞"认同"策略——通过营构交际者之间的"联结感"、加固其共享的社群公共价值观念,为带有显性说服意向的后续交际话语诱发受众的认知和态度的改变并及时转化为相应行动的心态和意向构筑稳定的"话语契同"。

上述解读同样适用于作为寒暄上位概念的日常随意言谈,正如下文即将揭示的,循此可以辨明,日常随意言谈中的"后释意向"(post facto intention)实为带有修辞"认同"属性的"涌现性意向"。

Haugh(2008)试图调和认知视角和互动视角下的两种意向:"心智中的意向"(intention in mind)和"互动中的意向"(intention in interaction),由此提出"后释意向"(post facto intention):交际者通过对其话语或行为初始意向的解释或归因,以解决交际中出现的障碍或者失败。Kecskes (2014:207—208)由此认为该概念特别贴合实时跨文化互动。见例(4)(因该例过长,故仅作简要转述):

(4)韩国人与美国人围绕空气污染进行交谈。韩国人的意向是阐明首尔空气污染的原因在于"沙尘风"(sand wind)。然而由于语音问题(把 sand 读成 send),其意向未被对方正确识别。于是,美国人与她合作推导其初始意向。美国人一开始只知道她在谈论某种风,但不清楚具体是哪种风,直到她将 sand 和 desert 关联起来,美国人才最终理解了她解释空气污染原因的初始意向。

Kecskes 认为,上述会话中体现的与其说是韩国人一方最初就有的"解释空气污染原因"这一交际意向,不如说是韩国人和美国人通过双方互动最终商定的"后释意向"。然而,这一思路在解决已有问题的同时,又诱发了新的理论问题:逻辑上,后释意向的产生也必然以相应的意向为前提,即涉及一个新的意向——驱动后释意向的意向,那么这一意向应如何界定?

其实,伴随交际双方协商后释意向的互动话语,上述会话已变成关于意向本身的元话语。韩国人的初始意向是"解释空气污染原因",然而由于发生交际障碍而随后又变成一个解释"解释空气污染原因"的新意向(或元意向)。而这一解释初始意向的意向与后释意向并非同一意向,而是交际双方因应交际的动态进展而临时产生的意向。换言之,后释意向之所以产生,是受到了交际者以修复交际障碍为目的的涌现性意向的驱动。那么,这一新的涌现性意向何以发生?参照上述关于"契同"的讨论,则可知:澄清先在意向的后释意向,意在促进交际双方理解、消除误会和增进和睦关系,故而本质上是一种"半意识"状态下"刻意程度"较低的构筑"话语契同"或者"认同"的涌现性意向。

六、结 语

本研究以当代修辞学的"认同"理论为参照,试图辨明当代国际语用学前沿理论 SCA 的若干理论不足,并提出相应的补充和修正。首先,截至 2020 年,SCA 的研究对象局限于日常随意言谈,未能涵盖实时跨文化互动的其他常见话语类型;其次,SCA 的"涌现性意向"主要是基于日常随意言谈而形成的概念,该概念未能就涌现性话题和涌现性意向作出区分,更未能意识到"涌现性意向"在修辞互动中的鲜见及其原因;最后,本文结合"认同"的变体概念"契同",将日常随意言谈的修辞功能重新界定为一种"半意识"状态下、带有较低"刻意程度"的长效修辞"认同"策略,并据此探明了日常随意言谈中"后释意向"的发生理据。本研究希望通过两大领域中两个前沿理论视角的融合与互鉴,进一步推动语用与修辞界面的未来研究。

[参考文献]

陈小慰,2017."认同":新修辞学重要术语 identification 中译名辨[J].当代修辞学(5):54-62.
刘亚猛,2004.追求象征的力量:关于西方修辞思想的思考[M].北京:三联书店.
刘亚猛,2008.西方修辞学史[M].北京:外语教学与研究出版社.
刘亚猛,2015.语用学研究:语用与修辞[J].浙江外国语学院学报(3):1.
刘亚猛,2017.连贯(coherence)还是"辩动"(cogency)?——从"修辞结构理论(RST)"的得失看修辞对语篇研究的干预[J].当代修辞学(4):18-23.
刘亚猛,2020.批判性讨论与语用—辩证论辩理论的引进[J].当代修辞学(4):1-14.
秦亚勋、杨雯琴,2017.理查兹的修辞思想与钱锺书翻译观的衍变[J].中国翻译(3):31-36.
秦亚勋、姚晓东,2014.传统及当代汉语"用典"规范的当代修辞观[J].福建师范大学学报(1):64-70.
秦亚勋、姚晓东,2019.语用身份与修辞人格的理论渊源及伦理之维[J].当代修辞学(6):83-93.
冉永平,宫丽丽,杨青,2018.从"现实世界中的语用学"看研究的前沿态势[J].外语教学与研究(1):133-141.
姚晓东、秦亚勋,2017.语境化能力:语用学与修辞学的契合点[J].外国语(4):82-88.
Aristotle, 1991. *On Rhetoric: A Theory of Civic Discourse*[M]. Trans. George A. Kennedy. New York: Oxford University Press.
Burke, K., 1951. Rhetoric—old and new[J]. *The Journal of General Education*. 5(3): 202-209.
Burke, K., 1969. *A Rhetoric of Motives*[M]. Berkeley: University of California Press.
Burke, K., 1978. Methodological Repression and / or Strategies of Containment[J]. *Critical Inquiry*. 5(2): 401-416.
Campbell, G., 1776. *The Philosophy of Rhetoric*[M]. Carbondale: Southern Illinois University Press.
Cicero, 1942. *De Oratore*. Bks. I—III[M]. Trans. H. Rackham. Cambridge: Harvard University Press.
Conrad, C., Malphurs, R., 2008. Are we there yet? Are we there yet? [J]. *Management Communication Quarterly*. 22(1): 123-146.
Cruz, M. P., 2013. An integrative proposal to teach the pragmatics of phatic communion in ESL classes[J]. *Intercultural Pragmatics*. 10(1): 131-160.
Enfield, N., 2008. Common ground as a resource for social affiliation[A]. In Kecskes, I., J. Mey, (eds). *Intention, Common Ground and the Egocentric Speaker-Hearer*[C]. Berlin: Mouton de Gruyter, 223-254.
Enos, R., 1976. Rhetorical intent in ancient historiography: Herodotus and the battle of marathon [J]. *Communication Quarterly*. 24(1): 24-31.
Graff, R., W. Winn., 2011. Kenneth Burke's "Identification" and Chaim Perelman and Lucie Olbrechts-Tyteca's "Communion": A Case of Convergent Evolution? [A]. In Gage, J. T. (ed). *The Promise of Reason: Studies in The New Rhetoric*[C]. Southern Illinois University Press: 103-133.
Green, L., 1990. Aristotelian Rhetoric, Dialectic, and the Traditions of Ἀντίστροφος [J]. *Rhetorica*. 8(1): 5-27.
Grice, P., 1989. *Studies in the Way of Words*[M]. Cambridge: Harvard University Press.
Gudykunst, W. B., 2002. Intercultural communication. [A]. In W. B. Gudykunst,, B. Mody (Eds). *Handbook of International and Intercultural Communication*[C]. Thousand Oaks, CA: Sage,

179-182.

Hall, E. T., 1959. *The Silent Language*. New York: Anchor Books.

Haugh, M., 2008. The place of intention in the interactional achievement of implicature[A]. In Kecskes, I., J. Mey (eds). *Intention, Common Ground and the Egocentric Speaker-Hearer* [C]. Berlin: Mouton de Gruyter, 45-85.

Haugh, M., K. Jaszczolt., 2012. Speaker intentions and intentionality. In Allan, K, K. Jaszczolt, (eds). *The Cambridge Handbook of Pragmatics*[C]. Cambridge: Cambridge University Press, 87-112.

Ilie, C., 2018. Pragmatics vs. rhetoric: Political discourse at the pragmatics-rhetoric interface. In Ilie, C., N. Norrick, (eds). *Pragmatics and Its Interfaces*[C]. Amsterdam: John Benjamins Publishing Company, 85-119.

Kecskes, I., 2010. Socio-cognitive approach to pragmatics [J]. 外国语(5): 1-20.

Kecskes, I., 2014. *Intercultural Pragmatics* [M]. Oxford: Oxford University Press.

Liu, Y., Zhu. C. 2011. Rhetoric as the *antistrophos* of pragmatics: Toward a "competition of cooperation" in the study of language use. *Journal of Pragmatics*, doi: 10.1016/j.pragma.2011(07).

Malinowski, B. K., 1923. The problem of meaning in primitive languages. In C. K. Ogden, I. A. Richards (eds.), *The Meaning of Meaning: A Study of the Influence of Language upon Thought and of the Science of Symbolism*[C]. New York: Harcourt, Brace & Company, INC, 451-510.

Mantere, S., J. Sillince., 2007. Strategic intent as a rhetorical device [J]. *Scandinavian Journal of Management*. 23(4): 406-423.

Muckelbauer, J., 2008. *The Future of Invention: Rhetoric, Postmodernism, and the Problem of Change* [M]. NewYork: SUNY Press.

Nietzsche, F. W., 1989. *Friedrich Nietzsche on Rhetoric and Language*[M]. Oxford: Oxford University Press.

Perelman, C., 1979. *The New Rhetoric and the Humanities*[M]. Dordrecht: D. Reidel Pub. Co.

Rountree, C., J. Rountree., 2015. Burke's pentad as a guide for symbol-using citizens [J]. *Studies in Philosophy and Education*. 34(4): 349-362.

"N 的 V"短语的语篇功能和语体适应性

马国彦

(华东师范大学国际汉语文化学院,上海 200062)

摘 要 本文立足于"N 的 V"短语的指称性,围绕指称化分析了它在语篇中的形成过程、认知机制和语法特点,讨论了在语篇中的分布、功能和语体适应性。研究表明,"N 的 V"短语是以转喻为基础的指称形式;以句法组合为基底,与语用整合关联紧密。"N 的 V"短语的语篇功能和语体特征是其指称性在语言运用不同侧面的具体表现。研究显示,话语篇章方面的研究亦应重视证伪分析;"N 的 V"短语的语体适应性同时受语用主体和语用场合的制约。

关键词 "N 的 V"短语 指称化 语篇功能 语体适应性

一、引 言

"N 的 V"短语指由体词性词语、"的"、谓词性词语构成的短语,如"这本书的出版""中国电影的成熟"等。"N 的 V"短语在汉语语法学建立之初就受到了广泛关注,截至目前学界已对其句法性质、语义结构、语用特点等做了深入探索,取得了丰硕的研究成果,如朱德熙(1984)、张伯江(1993)、詹卫东(1998)、沈家煊和王冬梅(2000)、陆俭明(2003)、周国光(2004)、李云靖(2008)、吴怀成(2014)、方绪军和李翠(2017)等。这些研究为我们进一步认识这一"老大难"语法问题奠定了坚实的基础。

近年来的研究有两个方面的问题值得注意。一是运用新的理论和方法时,对语言现象的证伪分析重视得不够。如有学者尝试从构式的角度进一步说明"N 的 V"短语的特点,勾勒其形成机制,不过在概括构式义时过于依赖研究者的主观"感觉"和"推测",缺少形式、意义和功能的相互验证。二是拓展所涉语料的范围,从语篇的角度考察"N 的 V"短语的分布、功能时,语料选择的标准不够明晰,功能的分析缺乏相应的形式和意义证明。

语言研究的总体趋势是更重视解释的充分性。解释的充分性应以观察和描写的充分性为前提,做到句法、语义和语用三个不同平面的相互说明和验证。

有鉴于既有的研究主要以句子或短语层面的探索为主,对"N 的 V"短语的语用特点、语篇功能和语体性质的探讨还有相当大的空间,本文在前贤和时贤研究的基础上,强调以功能为导向的研究思路,从语用和语篇的角度对语言事实做进一步的观察和描写,结合认知解释"N 的 V"短语的形成动因和机制,讨论语用整合和句法组合之间的关系,在此基础上分析其语篇功能和语体适应性。

二、"N 的 V"短语的形成动因和语法性质

2.1 指称化

张伯江(1993)认为,"N 的 V"短语是标志已知信息的一种手段。詹卫东(1998)强调,在话语篇章层面,"N 的 V"短语主要用来指称已然事件,有明显的回指特点。也就是说,"N 的 V"短语通常是对事件、命题或性质、状态的指称,指称性是此类短语的语用或表达属性。

这种性质既是事件也是一类实体(Lyons,1977),其存在方式与人、物相似的反映,也是指称和陈述可以借助于语序、词语和语法成分相互转化的体现(郭锐,2002;周国光,2004;吴怀成,2014)。例如"李四失业"和"狮子凶猛"加"的"变化为"李四的失业""狮子的凶猛",是将陈述(主谓短语)转化为了指称("N 的 V"短语)。陈述转化为指称的方式,可能因语言不同而有所区别。但无论采用什么样的手段,转化的基本目标都是为了将两者有效区分开来,因此可能均遵循这样一条标记性原则:如果陈述采用无标记形式,如光杆动词 V,那么它的相应指称形式就是有标记的,如给光杆动词附加一些修饰、限定成分等;反之亦然。

"N 的 V"短语的指称性质还可以从理解上来说明。理解"N 的 V"短语时,通常需附加"事件、问题、性质"等词语构成同位结构,用这些词语进行语义复指。按照黎锦熙(2007)、朱德熙(1951)、刘世儒(1957)基于同位或复指关系对子句或包孕句,如"承认这是公道话"中的"这是公道话","我不相信他会抽烟"中的"他会抽烟","他因为天下雨不来了"中的"天下雨"的性质的说明,"N 的 V"短语相当于一个名词性成分,是对事件、问题、性质等的指称。如例(1)"他的失业"在句中应理解为"他的失业"这样的"问题"。

(1) 在他心里,他以为老三不开口则已,一开口必定首先问到祖父与家人。可是,他没想到老三却张口就问他的失业。(老舍《四世同堂》)[①]

从非指称性结构转化为指称性成分,从陈述性话语到"N 的 V"短语的语法操作过程,可以称为"指称化"(referentiating)(吴怀成,2014)。考察"N 的 V"短语的形成动因和机制,很大程度上就是对指称化过程的分析。马国彦(2011)从回指、下指和推导三个维度分析了"N 的 V"短语在书面篇章中的指称化表现。笔者认为,指称化既可以在书面材料中观

---

① 本文所用语料均为现代汉语书面或口头材料,所有语料均注明出处。

察,如例(2)~(4);也可以结合口头会话观察,如例(5)~(6)。

(2) 孙振耀离开惠普时,已经52岁,其经验与精力,均处于人生的顶峰,可谓风华正茂,他一定不想将开飞机当成自己未来生活的全部。……孙振耀的离去,让人想起了更多消失的熟悉面孔。(侯继勇《打工皇帝唐骏》)

(3) 代表官方的《中国电影报》指出,《十面埋伏》所遭遇到的毁誉让人看到,在产业化道路上,中国电影正处于不免浮躁、莽撞、却富有激情、理想的青春期。它的成熟,需要更多努力也需要更多耐心。(新华社,2004/08/14)

(4) 在美国西弗吉尼亚州北部地区,从已经废弃的煤矿渗透出的酸性地下水把当地一条河流及其支脉的390平方公里水域变成了桔黄色,导致了鱼类的消失、沿岸植物和昆虫的死亡。(人民日报,1995/11/08)

例(2)处于主语位置的"N的V"短语"孙振耀的离去"是对上文加波浪线短语及所在句的回指概括。例(3)"它的成熟"中的"它"回指上文的"中国电影",上文所无的"成熟"的出现,是基于话题框架和事理逻辑推导的结果。例(4)"N的V"短语中的"鱼类""消失""植物和昆虫""死亡"等词语均不见于上文,它们源于水污染和生物死亡之间存在原因—结果关系的逻辑推导。

(5) 夏顺开幕地激动了:"我不知道我怎么才能把这话说得诚恳,让你相信——我爱你!"(王朔《刘慧芳》)

"我相信,我绝对相信你的诚恳。"慧芳确实被夏顺开的表白感动了。(王朔《刘慧芳》)

(6) 慧芳摇头:"作为朋友,你的开朗、诙谐和肆无忌惮是可以令人愉快的,甚至吹嘘也不那么令人讨厌。"(王朔《刘慧芳》)

这两例的"N的V"短语均出现在口头会话中。例(5)承接话语中"你的诚恳"的形成显然与对方话轮中加波浪线的句子有关。例(6)的"你的开朗、恢谐和肆无忌惮"的构成成分,是说话人从对方话语和情景语境中概括、推导出来的。

下面的材料包含两个"N的V"短语,它们的形成分别是回指指称化和下指指称化操作的结果。我们可以同时从两个向度上观察其形成过程,并对它们在语篇结构中所起的作用做初步说明。

(7) 日前,上海一家星级酒店特意为2月14日情人节推出价格不菲的"情人节套房",入住一晚的费用高达88 888元人民币,约1万美元。

……

记者采访发现,这一天价"情人节套房"的推出(N的V)₁,受到不少消费者和业界人士的质疑(N的V)₂。许多消费者在对8.8万元高昂价格感到惊讶的同时,纷纷表示,难以接受商家如此奢华、铺张的做法,因为"温馨与浪漫,并不是仅仅用钱堆出来的"。一些业界人士则称,抓住节日商机,本身无可厚非;但商家还是应该引导消费者进行理性消费,过分渲染奢华,结果反而会破坏节日的本味。(新华社,2004/02/13)

此例"这一天价'情人节套房'的推出"是以上文加波浪线的句子为基础而形成的,其中N(这一天价"情人节套房")是对"上海一家星级酒店"的"入住一晚的费用高达88 888元人民币,约1万美元的'情人节套房'"的概括性回指,而V(推出)则是词汇复现。"不少消费者和业界人士的质疑"是以下文加波浪线的两个句子为基础而形成的,其中第一个子结构"不少消费者的质疑"是对第一句的提炼:N(不少消费者)是词语重复,V(质疑)是对"惊讶""难以接受"等词语的近义替换;另一子结构"不少业界人士的质疑"则是对第二句的提炼,N和V的操作与第一子结构相同。

从例(7)可以看出,第一个"N的V"短语是句子话题,第二个"N的V"短语虽然是所在句的宾语,不过它与下文的两个句子存在语义上的概括—具体关系,可以说是以语义内涵展开的方式对这两个句子起了组织作用。

换句话说,从语篇结构组织的角度观察,回指指称化和下指指称化之间存在着互补关系：前者形成的"N 的 V"短语一般分布在主语位置,做句子话题,因此也可以说是一种话题化的操作;而后者形成的"N 的 V"短语一般分布在宾语位置,是述题的一部分,它的形成一般意味着其语义内涵将在下文展开,即其语篇结构功能往往表现在通过指称引入一个句子或大于句子的单位。①

2.2 转喻和指称

上一小节的分析显示,对指称化的理解如果不再将视野局限在单句或短语上,而是扩展到语言运用的环境,就会发现"N 的 V"短语的形成受可辨识性原则的制约:说话人的指称化操作一般是在考虑听话人的辨识难易程度的前提下做出的,倾向于选择易于从语境中快速识别、可及度高、便于接受和理解的形式。换句话说,从语用的角度观察,"N 的 V"短语通常是从语篇上下文某一关于事件或命题的陈述性话语转化、推导而来的。

进一步探索可知,这种转化或推导之所以可行,根本原因在于认知上的转喻(metonymy)机制所起的支撑作用,即以事件中突显的部分代替事件本身是可能的。转喻是人类的基本认知方式,主要遵循邻近性、突显性和可及性原则。基于空间邻近、时间邻近和逻辑邻近,人类可以通过部分识解整体,通过一个事件与其他事件的关系对该事件进行概念化,这是认知世界的常用策略。

人类倾向于选择具体的、易完型感知的作为转喻的喻体,指称抽象的、不易完型感知的转喻目标。这种机制在言语层面的表现之一,就是用一个短语指称一个句子或语段。Lakoff 和 Turner(1989)认为转喻是在同一个认知域中概念之间的映现,这一映现包括的替代关系主要是指称。转喻具有指代功能,可以促成"N 的 V"短语对事件、命题的指称。

从上一小节的语例来看,由于 V、N 可以分别将事件的核心要素和必要关联成分突显出来,因此它们的联结形式"N 的 V"短语可以指称整个事件。换一个角度来说,也就是以一个相对短小的语言单位指称一个较大的言语单位。如例(2)的"孙振耀的离去"是对上文已提及事件的回指概括,指称的是一个较长的短语。例(7)的"不少消费者和业界人士的质疑"是对下文描述的语义概括,指称的是两个句子。

2.3 语用整合与句法组合

需要注意的是,从第一小节的分析可以看出,"N 的 V"短语的形成虽然与语篇、语境密切相关,不过从其构成成分的来源看,N 和 V 全部从上下文原封不动复制而来的并不多见,也就是说完全依赖语境、通过语用整合而形成的"N 的 V"短语所占的比例并不高。有些"N 的 V"短语是某一个构成成分 N 或 V 从上下文复制而来,另一个成分则与词语替换和推导操作有关,这种"N 的 V"短语可以看作是语用整合和句法组合的综合形式,如例(2)的"孙振耀的离去"——"孙振耀离开惠普"。另如例(5)。还有一些情形,则是 N 和 V 均不是从上下文复制而来,而是对语境的概括和推导,这种 N 的 V 短语应视为以语用整合为基础的句法组合形式,如例(4)的"鱼类的消失、沿岸植物和昆虫的死亡",另如例(6)。

这表明"N 的 V"短语是具有相对独立性、较为自由的句法结构,它的形成虽与语境有关,但也在相当程度上反映了句法的自主性。共时的语言用例中也可能蕴涵着结构动态变化的丰富信息。对比以上三种情形可知,"N 的 V"短语的形成是语用因素的影响逐步减弱、句法因素的影响逐步增强的过程——从完全依赖上下文语境,N 和 V 两个成分均来自上下文,到部分依赖上下文语境,只有一个成分来自上下文,再到推导组合,N 和 V 两个成分均不依赖上下文,这既是起于语用动因的句法格式的形成过程,也可以说是语用法在共时系统中的语法化过程。

"N 的 V"短语以句法结构为基底,与语用

---

① 详见第四节关于"N 的 V"短语的篇章功能的探讨。

整合关联紧密,这一方面的特点是认知转喻机制在语言形式上的体现。明确这一点,有助于更为客观地认识其指称性质。

三、"N 的 V"短语在语篇中的分布和功能

"N 的 V"短语形成的指称化意味着结构整体以及其中的名词和动词与上下文存在着紧密关联,因此听话人需要借助篇内语境对"N 的 V"短语进行解读。笔者主要结合这种动态的理解过程从管领的角度分析"N 的 V"短语在语篇中的分布和功能。

所谓管领,指的是廖秋忠(1987)讨论的动词、修饰语等"支配、修饰或统领"大于句子的言语片段的能力。从这个角度认识"N 的 V"短语所具有的话语组织功能,实际上是一种自上而下的观察,考察"N 的 V"短语如何作为管领成分,从外部将句子组织、整合起来,在语篇中形成相对独立的局部结构单位,即"篇章管界"。

管领分析是对衔接分析的补充。衔接主要考虑的是小句之间的语义和形式联系,管领主要考虑的是对句子实施的结构和语义组织。衔接分析体现的是对语篇语义功能的探索,而管领分析反映的是对语篇局部结构的研究(沈家煊,1998)。

"N 的 V"短语的管领作用主要有两种:一是作为话题,以语义上的延伸而将若干个句子整体串联起来;二是指称一个存在于语篇上文的已经展开,或存在于语篇下文的有待展开的句群或语段。这两种情形可分别概括为话题管领和指称管领。

需要说明的是,由管领而在语篇中识别和切分出来的管界单位,近似于传统所说的语段或句群、句组。① 根据郝长留(1983)、吴为章和田小琳(2000)等,语段、句群或句组是指由两个或两个以上的句子组合而成、有明晰的语义中心、前后衔接连贯的结构单位。

3.1 话题管领

话题管领包括句内管领和语篇管领两类。句内管领指的是"N 的 V"短语作为句子层面的话题对小句的组织,如例(7)的"这一天价'情人节套房'的推出"。再如例(8)。

(8) 他(指胡乔木)对我们的工作经常给以鼓励,有时也有批评。他的批评往往是尖锐的,但完全是从爱护出发,耐心说理,使你心服口服。(人民日报,1993/05/30)

例(8)的"N 的 V"短语"他的批评"通过词语重复与上文胶合在一起,并作为话题在下文组织了三个小句。这种话题在性质上属于陈平(1996)总结的事件性或命题性话题。在语篇中,"N 的 V"短语作为话题,把多个小句形式的述题串联在一起,形成流水句,是一种常见的情形。

语篇管领指的是"N 的 V"短语作为语段层面的话题对句子的组织,如例(9)。

(9) 吴亮是个既喜欢雄辩又不乏敏慧艺术直觉的人。他的批评,[就文体而言,不仅是思辨的,也是艺术的,不仅是冷静的,也是热情的。在充满热情的思辨中,还不时夹杂着他独有的俏皮和幽默。](毛时安《批评:创造性的选择》)

此例是话题"他的批评"的语篇管领,这一"N 的 V"短语在下文延伸而在语义和语法上关联了两个句子。

需要注意的是,话语篇章方面的研究同样应重视利用转换、删略等方法进行证伪分析。无论是话题的句内管领还是语篇管领,理论上都应该可以运用还原法加以检测,即将话题成分还原到管界各小句或句子的主语位置,观察话题起作用的脉络与其分布是否匹配。我们把例(8)重写为管领形式的(8'),并添加零形式符号 φ,以此观察其中小句的话题删略即主语位置上零形式的分布情况。

(8') 他(指胡乔木)对我们的工作经常给以鼓励,有时也有批评。他的批评 φ [往往是

---

① 可参看屈承熹《汉语篇章语法》(2006)第十章《段落及其他》有关段落、篇章管界、句群等概念之间联系和区别的讨论。

尖锐的,但φ完全是从爱护出发,φ耐心说理,φ使你心服口服。]

此例"他的批评"可以还原到辖域内各个小句的主语位置。这说明这些零形式的形成是同指名词语删略的结果。

同理,例(9)的话语组织格局也可以参照句内管领,从句际关联和话题删略两个方面来说明:中括号内的第二个句子不仅通过句首状语重复使用"热情"和"思辨"这两个词语跟第一个句子紧密联系了起来,表明它是对上文谈及的两个方面的进一步阐述,两个句子之间具有语义衔接关系;而且第二句话的主语位置即"还"前边的零形式,应分析为是对"他的批评"承前省略的结果,也就是说两个句子之间同时存在着形式上的联系。

3.2 指称管领

"N的V"短语对一个结构单元的指称与它做话题的情况不同。话题管领的基础是主谓关系和陈述-被陈述关系,述题是对"N的V"短语这一话题的进一步说明、评议、描写,而指称管领的基础是同位或复指关系,"N的V"短语和语篇局部结构单位之间存在概括和具体的差异,但语义上有一致性。这种情况下,起指称管领作用的"N的V"短语通常分布在句子的宾语位置,如例(10)。

(10) 看看天近黄昏,我帮她联系了一处招待所住下,并劝她早点回家,以免父母和老师着急。可这姑娘也有她的狡猾:["我马上回去,肯定挨揍。既来之则安之,玩几天再回家。这样他们只会心疼我,不可能再打我、骂我了。"](孙云晓《孙云晓和三个出走少女》)

此例中括号标出的直接引语是对"她的狡猾"这一概括性短语的注解,两者句法同位,语义上是复指关系(马国彦,2018)。这一"N的V"短语通过对引语内容进行语义整合,指称一个独立的句组。

如果在例(10)的"她的狡猾"之后加一个句号,并添加"她说"之类的字眼儿,使"N的V"短语与其管界分离,那么两者之间的句法同位关系就不复存在了,仅有语义上的复指关联。例(11)就是这样的情形。

(11) 王老的目光,注视着对面墙壁上那幅以广阔的陕北高原为背景的延河宝塔图,陷入了往事的回忆。[1942年毛主席号召大生产,当时担任三五九旅副政委的王恩茂同志与王震同志一道率领三五九旅将士进发南泥湾,开展了驰名中外的南泥湾大生产运动。从此,南泥湾这昔日的荒川野岭,变成了延安的骄傲,陕北的江南。]想起那一段日子,王老动情地回忆道:……。(忽培元《延安情结》)

例(11)从"想起那一段日子"标示的视角转换,以及专名"王老"的重提,可以确定"想起"之前是"N的V"短语"往事的回忆"指称管领的边界。

3.3 组合性管界和聚合性管界

话题管领和指称管领的差别,可以结合语篇的结构格局和组织方式进一步观察。话题管领的实质是一个以上的句子做"N的V"短语的述题。由于话题和述题之间存在语法上的主谓关系,因此这种篇章管界是一个组合性的单位。同时,作为话题的"N的V"短语实际上也是语篇局部结构的一部分。因此,例(9)的语篇结构标注应是(9′)。

(9′) 吴亮是个既喜欢雄辩又不乏敏慧艺术直觉的人。[他的批评,就文体而言,不仅是思辨的,也是艺术的,不仅是冷静的,也是热情的。在充满热情的思辨中,还不时夹杂着他独有的俏皮和幽默。]

而指称管领的实质是对句组的语义复指,相对于"N的V"短语来说,这种篇章管界是一个聚合性的单位。换句话说,话题管领是句法成分的线性组合,指称管领则是句子的非线性聚合。组合和聚合、线性和非线性的区别,可以通过比较两种篇章管界在所处语境中是否可接受删略测试进行验证(马国彦,2018)。

组合性篇章管界作为"N的V"短语的谓语,是句法必有成分,不可删略,删略会造成句子不合语法,语义不自足,如例(9)删略管界之后是(9″),其中的加下划线部分是一个不成句的孤立成分,上下文因此而无法连贯起来。

(9″)吴亮是个既喜欢雄辩又不乏敏慧艺术直觉的人。他的批评,

而聚合性篇章管界则与"N 的 V"短语或者无直接句法关系,或者虽有句法同位关系而强制性不高,因此可以删略,删略之后上下文仍能连贯起来,如例(11)删略篇章管界之后是(11′)。

(11′)王老的目光,注视着对面墙壁上那幅以广阔的陕北高原为背景的延河宝塔图,陷入了往事的回忆。想起那一段日子,王老动情地回忆道:……。

以上分析显示,"N 的 V"短语的两类语篇功能都是其指称性质的体现,不过第一类篇章管界是短语句法功能的跨句延伸,而第二类篇章管界则是短语语义功能的展开,其实际语篇效用是以语义为纽带,将句子整合成为更大的单位。就研究取向而言,第一类语篇分析实际上仍以句子层面的探索为主,第二类语篇分析则着眼于句际关系,是跨越句子的语篇层面的探索。

四、"N 的 V"短语的语体适应性

王力(1980)认为,"N 的 V"短语是一种"欧化的"语法现象。这种句法格式的语体特征是只用于书面语而不用于口语(姚振武,1995),或多用于书面语而少见于口语(詹卫东,1998)。

笔者认为,一个句法结构不仅会被动地适应语言社团根据一定的社会语域和交际目的而划分出的语言表达体系即语体类型,而且会在实际运用中不断主动地参与语体类型的塑造。从这个角度来说,以上有关"N 的 V"短语的语体适应性的观察和概括,似乎稍显笼统。稍微留意一下就会发现,日常生活中,尤其是在较为正式一些的场合,我们常会听到类似例(12)的口语表述:

(12)非常感谢同事们的帮助和支持!

这里的"N 的 V"短语运用无论对说话人还是听话人来说,都是相当自然的,并无特异之处。看来这样的用法需要细加探讨之处,一方面在于书面语和口语的截然二分是否合理,另一方面更重要的问题则是"N 的 V"短语的语用属性是如何将书面语和口语联结起来的。

笔者注意到,一些书面材料在转化为口语形式,"说"出来而非"读"出来时,其中的主谓短语往往会处理为"N 的 V"短语,而不是相反。如例(13)是某所大学志愿者选拔面试考官手中的一道书面问题,一位面试官向面试者发问时,将之处理为(13′)。

(13)请你谈谈在新时代如何将个人成长与国家发展结合起来。

(13′)请你谈一谈,在新时代如何把个人的成长和国家的发展结合起来。

比较可知,(13′)对例(13)的处理是书面材料的口语化,包括以下几项:"谈谈"扩展为"谈一谈",并在它后面加了一个停顿(即书面上的逗号),"将"替换成"把","个人成长"和"国家发展"两个主谓短语均改造为"N 的 V"短语形式"个人的成长"和"国家的发展"。这在一定程度上表明"N 的 V"短语并非是"只用于书面语而不用于口语的句法格式"。

面试是正式场合,对听说双方信息交流的通畅性有比较高的要求。为了顺应时间的一维线性制约对口头交流的影响,便于面试者顺利理解所提问题,在保持语言形式的意义和功能不变的前提下,面试官往往会有意识地提高语言形式的辨识度,用相对而言识别度高的形式替换识别度低的形式,也就是适当增加信息的冗余度,以便信息传输和接收时即便部分缺失,也不至于遗漏或误解主体内容。(13′)是说话人考虑语言形式的辨识度和信息含量而做出的调整。从听话人的角度来说,"N 的 V"短语是既符合可辨识原则,又可以使信息内容最大化的形式(Sacks,Schegloff,1979)[①]。

---

① 正由于此,沈家煊、完权(2009)认为"N 之 V"中的"之"具有提高指称词语指别度的作用。

具体来说,例(13)的主谓短语和(13′)的"N 的 V"短语的所指和语法功能相同,后者比前者多一个"的",这使之具有较强的口头辨识特点和一定的信息传递优势。因此这一提高辨识度的替换显然是为了增强语言形式的语用属性,即其指称强度而实施的语法操作。换句话说,起码对(13′)的语用主体而言,"N 的 V"短语的指称强度大于主谓短语。

通过比较例(13)和(13′),我们可以得到以下两点启示。一方面,在不违背语言运用的经济原则和会话合作原则,语言形式的意义和功能保持不变的前提下,适当增加语符数量,提高语言形式的长度,可以降低其识别难度。另一方面,书面材料未采用而口语处理中却使用了"N 的 V"短语,这至少表明"N 的 V"短语是适用于以书面语为基础的口语化表达的,它的语体适应范围比通常的理解要更广一些,也就是语体适应度要更高一些。

第二节的分析表明,口语表达中"N 的 V"短语的运用并不鲜见。王朔小说中的"N 的 V"短语既可用于叙述性话语中,也可用于人物对话中。例(14)是前文例(5)的一部分。

(14)"我相信,我绝对相信你的诚恳。"慧芳确实被夏顺开的表白感动了。(王朔《刘慧芳》)

此例有两个"N 的 V"短语,前一个在人物对话中做动词的宾语,后一个在叙述者话语中做介词的宾语。再如:

(15)刘志彬一怔:"不,我不是那个意思,我只是对你们的无能和延迟感到不耐烦。要是你们短时间内破不了这个案,难道我们还要永远在这儿奉陪下去吗?"(王朔《人莫予毒》)

(16)"这是组织的决定吗?""是的。'全总'主任团一致通过,并指定我们三个找你谈话。"(王朔《千万别把我当人》)

从小说对人物角色的文化程度设定来看,以上三例的语用主体如"慧芳""刘志彬"和(13′)相似,都是知识分子。因此说"N 的 V"短语既可用于书面语,也可用于口语,是知识分子以书面语为基底的常用形式,也许比说它只用于书面语而不用于口语,更加符合语言事实。这一点还可以从语用场合的正式程度加以说明。例(14)~(16)谈话的场合都较为正式。例(14)是刘慧芳和夏顺开较严肃的交流,例(15)是刘志彬和警察的交涉,例(16)单从用词用语如"组织""'全总'主任团"等即可看出场合的正式性。由此可知,"N 的 V"短语的语体分布既受语用主体身份和角色的制约,也受语用场合的制约。

"N 的 V"短语的这一语体适应性是由上文已谈及的它的强事件指称性决定的。这一特点使得它在理解时的可及度(accessibility)较高,易于为听话者所识别,所以使用频率也得以相应提升,这又使可及性的进一步提高和用法的稳固成为可能,因此可成为特定语用者口语中较为自然的选择。换言之,表达的需要和使用频率的提升一定程度上改变了"N 的 V"短语的语体适应性和接受自然度。

按照从共时运用中观察语言细微变化的思路继续探索,我们可以回到上文所举的日常生活用例上来,对"N 的 V"短语的形成提出一个共时语用法语法化假设。假定"非常感谢同事们的帮助和支持!"原来的形式是"非常感谢同事们对我的帮助和支持!"后者随着使用频率的增加,运用的强化,自然度的提升,N 和 V 之间的介词结构如"对我"之类脱落了,也就是说经历了一个语法化的过程,发生了从繁到简的变化。这一变化过程可以描述如例(17)。

(17)N+PP 的+V ⟶ N 的 V

按此假设,"N 的 V"短语的语体适应性,既反映了它本身的结构语义特点和语用属性对语域要求的顺应,也反映了说话人为实现表达意图而做出的主动选择。

五、结　语

事件可分析为实体,指称和陈述可以借助

于语序和词汇语法成分相互转化,"N 的 V"短语的结构语义特点和语用属性均与此有关。指称性是"N 的 V"短语的基本语用性质,其语篇功能和语体适应性是这一方面的特征在语言运用不同侧面的具体表现。

本文首先基于陈述转化为指称的标记性原则,围绕指称化并结合语言环境提供的解释支撑,从理解的角度分析了"N 的 V"短语的形成过程、认知机制和语法特点。研究发现,"N 的 V"短语的构成成分与上下文存在着词语之间的同指、重复、同义或近义替换关系,结构式本身则是对上下文事件或命题的概括、提炼。语境空间上的邻近关联,使通过认知转喻将句子或语段概括提炼为短小的指称形式成为可能。"N 的 V"短语是以句法组合为基底,与语用整合关联紧密的格式。

在此基础上,本文从管领的角度考察了"N 的 V"短语的语篇分布和功能,结合会话语料讨论了它的语体适应性。研究显示,话语篇章方面的研究同样应重视利用转换、删略、添加等方法进行证伪分析;"N 的 V"短语的语体分布同时受语用主体和语用场合的制约,它的形成可能经历了一个共时语用法的语法化过程。

[参考文献]

陈平,1996.汉语中结构话题的语用解释和关系化[J].徐赳赳译.当代语言学,(4).
方绪军、李翠,2017."N 的 V单"的构成及其语篇使用情况考察[J].汉语学习,(2).
郭锐,2002.现代汉语词类研究[M].北京:商务印书馆.
郝长留,1983.语段知识[M].北京:北京出版社.
胡裕树、范晓,1994.动词形容词的"名物化"和"名词化"[J].中国语文,(2).
黎锦熙,2007.新著国语文法[M].长沙:湖南教育出版社.
李云靖,2008."NP+的+VP"结构的构式语法阐释[J].语言教学与研究,(2).
廖秋忠,1987.篇章中的管界问题[J].中国语文,(4).
刘世儒,1957.试论汉语单句复句的区分标准[J].中国语文,(5).
陆俭明,2003.对"NP+的+VP"结构的重新认识[J].中国语文,(5).
马国彦,2011."N 的 V"短语的形成机制、语体特征及其修辞运用[J].毕节学院学报,(9).
屈承熹,2006.汉语篇章语法[M].潘文国,等译.北京:北京语言大学出版社.
沈家煊,1998.二十世纪的中国话语语言学[M].刘坚主编二十世纪的中国语言学,北京:北京大学出版社.
沈家煊、完权,2009.也谈"之字结构"和"之"字的功能[J].语言研究,(2).
沈家煊、王冬梅,2000."N 的 V"和"参照体—目标"构式[J].世界汉语教学,(4).
王力,1980.现代语法理论[M].北京:商务印书馆.
吴怀成,2014.现代汉语动词的指称化研究[M].上海:学林出版社.
吴为章、田小琳,2000.汉语句群[M].北京:商务印书馆.
詹卫东,1998."N 的 V"偏正结构在组句谋篇中的特点[J].语文研究,(1).
张伯江,1993."N 的 V"结构的构成[J].中国语文,(4).
周国光,2004.关于"N 的 V"结构的思考[J].阜阳师范学院学报,(4).
周国光,2007."NP 的 VP"结构和相关难题的破解[J].汉语学报,(3).
朱德熙,1951.作文指导[M].北京:中国青年出版社.
朱德熙,1984.语法·修辞·作文[M].上海:上海教育出版社.
Lakoff, G., Turner, M., 1989. *More than cool reasons: A field guide to poetic metaphor* [M]. Chicago: University of Chicago Press.
Longacre, R.E., 1979. *The paragraph as a Grammatical Unit*. in Talmy Givon (ed.), *Syntax and Semantcs*, Volume 12: *Discourse and Syntax* [M]. New York: Academic Press.
Lyons, J. *Semantics*, 1977. Vol. 2 [M]. Cambridge: Cambridge University Press.
Sacks, H., Schegloff, E. A., 1979. *Two Preferences in the Organization of Reference to Persons in Conversation and Their Interaction*. in G. Psathas (ed.), Everyday Language: Studies in Ethnomethodology [M]. New York: Irvington Publishers, Inc., 1979.

基于"注意力视窗开启"的叙事性文本的创造性建构

杨 彬

(上海外国语大学国际文化交流学院,上海 200083)

摘 要 从认知语言学视角看,儿童语言习得过程中的某些句法变换,恐不宜视作普通的动词初始替换,而应视作语言创造性应用能力实现飞跃式发展的明证。基于注意力视窗理论,对叙事性语料展开深入分析后发现:妥善调节注意力视窗开启状态,继而进行超常规的句法组配,可以创造性建构叙事文本,可以激发听读者打破常规认知图景,获得新奇而鲜活的审美体验;妥善调控注意力视窗开启状态,灵活变换聚焦方式,还有助于调节叙事速度从而灵活地创造出形态各异的叙事文本,有助于实现陌生化的语用效应。从注意力视窗的角度探析叙事文本中的超常规组合现象,是一个值得开展系统研究的课题。

关键词 叙事性文本 注意力视窗开启 聚焦方式 超常规组配 创造性建构

一、引言:从"喝牛奶"到"拿牛奶"说起

陈保亚(2009:14—15)提出:"如果我们注意观察儿童学习语言的过程,可以看出替换实际上也是生成新的组合的手段。"以汉语为例:

(1) 喝牛奶 拿果汁
　　喝可乐 拿饮料

儿童能够很容易从上面的组合中替换出句法单位或语符,生成下面新的组合:

(2) 喝果汁 拿牛奶
　　喝饮料 拿可乐

陈先生据此认为上述替换是具有创新意义的初始连接,是儿童语言建构能力不断提升的体现。我们认为,此类句法替换其创新意义恐不止于此,或需作进一步分析。

单纯从句法的角度看,"喝牛奶"与"拿牛奶"都是典型的"动宾式"短语,结构类型一致;而从语义的角度看,"喝"与"拿"这两个动词和"牛奶"的语义关系也无二致,均是动作与受事的关系。据此可认为,将"喝"变为"拿"只是一种简单的句法替换;但若从语言创造性应用能力发展的角度看,儿童从所接收到的组合中稳定地替换出句法单位或语符进而生成新组合的行为,恐怕不只是具有一定创新意义的简单替换或初始连接。儿童语言学习与应用过程中这种创新现象,对于深入探究成人语言的创造性应用的内在规律具有深刻的启发意义。

在替换句法单位或语符从而生成新的句法组合的过程中,儿童成功地实现从"喝牛奶、喝可乐"到"喝饮料"的言语替换行为看似简单,实则是儿童的语言理解与创造性应用能力足以对"牛奶、可乐"等具体名词进行范畴化处理的结果;而在此基础上稳定地生成"拿牛奶、拿可乐、拿果汁、拿饮料"等非线性句段[①]的言语行为,则更应视作儿童的语言创造性应用能力实现飞跃式发展的结果,而非仅是基于简单的句法替换而形成的具有一定创新性的初始连接。从句法上看,从"喝牛奶、喝果汁"到"拿

---

① 索绪尔认为"句段(syntagmes)"是"以长度为支柱的结合",并明确指出:"一个要素在句段中只是由于它跟前一个或后一个,或前后两个要素相对立才取得它的价值。"具体可参阅:费尔迪南·德·索绪尔.普通语言学教程[M].高名凯译.北京:商务印书馆,1980:170—171.

果汁、拿牛奶",似乎不过是动词的简单替换；但若从语义角度看,"喝牛奶、喝果汁"与"拿牛奶、拿果汁"则具有显著差异。具有[＋液体性]语义特征的"牛奶、果汁",可直接与表征身体器官"嘴"所发出的动作"喝"这一动词进行句法组合；但从逻辑上看,它们并不能直接与表征身体器官"手"所发出的动作"拿"这个动词组配。据认知经验可知,除非借助某种器皿,否则,仅凭借"手"不可能或不易直接"拿取"具有[＋液体性]语义特征的"牛奶"或"果汁"。从事件精制的角度来说,"拿牛奶"或可分解为"拿杯子(或碗等)、走过去、打开冰箱、拿出牛奶瓶(或盒)、打开牛奶瓶(或盒)、倒牛奶、端过来"等一系列子事件,"拿牛奶"的组合之所以成立,实质是该子事件序列被压缩并被特别聚焦突显的结果；除非是为了满足特殊的表达需要,"喝牛奶"则往往直接处理为一个不必再作解析的小事件。(杨彬,2019a：120)

基于认知分析可以认为,"拿牛奶"这种句法组合是通过调节"注意力视窗开启"①状态、转换(或叠加)聚焦于子事件系列中的不同节点而实现的结果。由此推衍开进而从注意力视窗开启的视角审视大量叙事性文本,则可发现其中蕴含诸多相似的创造性语言应用现象。这些现象背后隐藏何种认知机制或规律？它们对于创造性建构叙事性文本具有什么意义？如何巧妙调节注意力视窗开启状态以突显事件框架中的特殊环节或某个子事件,并别具匠心地建构富有审美价值的叙事性文本？此类问题,均值得深入探索。

本文拟依据认知语言学的注意力视窗理论,探究叙事性文本的创造性建构及其语用效应。而之所以选择叙事性语料作为研究对象,主要原因有二：一是立足语体语篇开展研究已成学科发展的必然趋势,以高度的语体自觉甄别语料,基于特定语体类型的语篇描写语言事实并解释语言规律,方能更好地把握特定类型语体语篇的本质属性和语言特点体系。正如李熙宗(2016：12)所言"为了能对语体的语言特点体系做出全面、正确的描写……必须注意所选取材料的'质'和'量',亦即不仅必须保证所统计的材料的典型性,同时必须有足够的数量"；张伯江(2007)也倡导"在合适的语体里寻找合适的语例,在合适的语体里合适地解释实例"；朱庆祥(2019：28—29)提出："吕叔湘、朱德熙等学者强调语体语篇的重要性。……分语体研究问题,也是现代语言学走向精细化的必由之路。"二是叙事性话语是人类最基本、最高频出现的话语形式,正如罗兰·巴特(1989：2)所言："世界上叙事作品之多,不计其数；种类浩繁,题材各异。对人类来说,似乎任何材料都适宜于叙事……叙事遍布于神话、传说、寓言、民间故事、小说、史诗、历史……而且,以这些几乎无限的形式出现的叙事遍存于一切时代、一切地方、一切社会。"有必要多加探讨。

二、注意力视窗理论与超常规组配形式

2.1 注意力视窗开启与间隔

Leonard Talmy(2000：259)指出："被同时激活或被互相激活的同一组概念成分及其间的相互关系,可以被认为存在于一个事件框架(event-frame)之中,或者可以认为它们共同构成了一个事件框架,而那些被视作次要成分的要素——无论它们是被微弱地激活甚或根本未被激活——则处于该事件框架之外。"。Talmy(2000：25—26)将含有运动以及持续性静止的情景均视作运动事件,并认为框架事件结构主要可以离析出四个语义成分,即"焦点"(figure)、"背景"(ground)、"运动"(motion)和"路径"(path)；而且,这四个成分还能够与表"方式"(manner)或者"原因"(cause)的副事件(co-event)相结合。在认知理解事件的过程中,构成事件框架的不同要素或者不同要素的特定环节,可以被不同程度地聚焦,如对于位移事件框架中的"路径"

---

① 按照Talmy的阐述,"开启注意力视窗"(windowing of attention)指的是"突显事件框架中特定部分的认知过程"。

要素来说，可以分别聚焦路径的"起点""中间过程的某个部分"或"终点"。Talmy（2000：258—309）把这种突显事件框架中特定要素的特定环节或细节的认知过程界定为"注意力视窗开启"，并将相反的认知过程界定为"间隔"（gapping），在此过程中，组成事件框架的部分要素的认知内容被处理为背景。

Tamly（2000：222）又根据"路径"要素在运动事件句法结构中的编码位置，将世界上的语言分为"动词框架语言"（verb-framed languages，简称 V-语言）和"卫星框架语言"（satellite-framed languages，简称 S-语言）两大类型。前者是指将"路径"编码于动词词根之中的语言，如罗曼语等；后者则是指将"路径"编码于卫星语素之中的语言，如汉语等。卫星语素通常伴随动词词根出现，主要是指除作补语的名词短语或介词短语之外的其他语法成分。基于该理论的相关实证性研究表明：相较于"V-语言"，"S-语言"表征"方式"语义信息的动词更具丰富性与形象性，且该类句法成分出现频率相对更高；两种类型的语言对"方式"语义信息的突显度存在显著差异（Cardini，2008；Slobin，1997，2004；Slobin, et al., 2014）。

邓宇（2019）基于 CCL 语料库，对现代汉语隐喻运动事件中的方式语义要素进行实证性考察发现，"路径"语义和"方式"语义之间存在此消彼长的联动变化关系，即当"路径"语义突显度偏高时，方式信息倾向于背景化，在句法形式上，此类语义信息更多通过附加成分进行编码；然而，当"方式"语义处于前景状态时，"路径"语义要素倾向于退居次要位置，表征"方式"副事件的句法成分获得突显，语言表达形式因而更富于变化。该研究还发现：方式动词在类别和总数上均明显超过其他运动动词；汉语中还存在细化方式语义的附加表达（如副词、形容词、动词补语、重复等），使得运动事件的句法表达更为精细也更具动态性与灵活性。据此可言，现代汉语是语义突显度高的语言，这是超常规句法组配形式得以大量出现的认知语义基础。

2.2 超常规句法组配形式及其语言学价值

对于"超常规句法组配形式"，本文暂拟界定如下：在特定语境中，为追求新奇精妙的语用效果，言说者突破句法和（或）语义组合常规而创造出的具有独创性、偶发性、低能产性的超常规句法组配形式，此类句法形式是基于特殊的"注意力视窗开启"状态而实现的。

对修辞创造中大量涌现的超常规句法组配形式，依据"注意力视窗开启"理论展开探析，能够更加深入地探究语言创造性应用的内在规律。如言说者所创造的富有表现力的超常规组配形式，何以能让听读者刷新认知并对事件中某个环节或细节形成独特体验？请看下例：

（3）我实在没心思下棋，而且心里有些酸，就硬硬地说："我不下了。这是什么时候！"他很惊愕地看着我，忽然像明白了，身子**软下去**①，不再说话。（阿城《棋王》）

在上述语境中，"身子软下去"表现的是视觉范畴的身形变化，按常理需用具体的动作动词进行描摹，而不宜使用相当抽象的性质形容词"软"，因为"软"是依靠触觉而非视觉才可感知的经验。然而，在描摹上述事件的过程中，作者却突破认知界限，聚焦于小说主人公身体弯缩下去之前的生理变化状态，创造出叠加触觉与视觉这两种认知域经验的超常规句法组配形式。如此建构话语，自然可以迫使读者分配更多注意力解读话语，从而激发读者打破认知习惯，激活一个全新的认知视角，进而获得新奇的认知体验，并因而细腻地体会主人公瞬间彻底颓丧的心理状态。可以说，相当数量诸如此类富于独创性与表现力的超常规句法组配形式，均是基于注意力视窗的独特开启创造出来的，均可依据 Tamly 的注意力视窗开启理论展开深入分析。

受不同交际意图或交际语境的影响，交际

---

① 对此类超常规句法组配形式，下文均以黑亮并加下划线的方式突显。

主体的注意力视窗开启状况会存在显著差异；对于物理世界中的某个具体事件，言说主体会通过调节注意力视窗，对事件框架的不同成分或者某成分的不同环节进行不同程度的突显，从而会形成聚焦点不同或聚焦精细程度不同的认知表征。具体来说，面对的虽是同样的事物或景象，但因有些言说者心性敏感、目力敏锐且又孜孜以求语言创新，因而往往能发现常人习见之相中的独特环节或侧面，进而层出不穷地创造出蕴含独特鲜活认知体验的超常规组配形式。当然这种能力不易获得，然而一旦形成则可以近乎自由地进行修辞创造。正如苏东坡在《答谢民师书》中所言："求物之妙，如系风捕影，能使是物了然于心者，盖千万人而不一遇，而况能使了然于口与手者乎？是之谓辞达。辞至于能达，则文不可胜用矣。"（周振甫，2006：192）比如对上文提到的"拿牛奶"这一事件，不同的聚焦状况可以分别表述为以下不同的句法形式：

(4) a. （我去）倒牛奶。
    b. （我去）端牛奶。
    c. （我去）**开牛奶**。

对于"（我去）拿牛奶"这一信息，当然还可以表述为其他句法形式。值得稍加说明的是，上例中(4)c的表达形式，可能会让有些听读者产生违逆语感的心理体验，但如果将"牛奶"换成"红酒""黄酒"或者"啤酒"，即变换成：

(5) a. 我去开红酒。
    b. 我去开黄酒。
    c. 我去开啤酒。

听读者恐怕就不再会有"（我去）开牛奶"所触发的违逆语感的体验。原因何在？关键或许在于：从语用频率的角度看，"开牛奶"这种组合可谓是临时的、偶发的新异形式，而"开（……）酒"则是高频使用的常规句法形式。语用频率对语言要素的应用与理解规则、对句法结构的形式与意义等都会产生不同程度的影响。足够高的语用频率会自然激发听读者产生"语境频率联想"，这是具有定量统计研究成果支撑的"语用频率效应"。所谓语境频率联想，是指在某种语境之中，某一种性质的修饰性成分（或其他共现成分）出现频率较高，然则，即便该修饰性成分或共现成分不出现，在理解话语的过程中，人们仍会首先联想到这些成分（邹韶华，2001：39—40）。因而像"开（……）酒"这种高频组合不会让听读者产生违逆语感的心理体验，而低频的"开牛奶"则难免。

不仅修辞学将超常规组配形式作为研究的主要对象，语法学研究也越来越关注这种现象，因为这种句法形式往往蕴含话语建构的巨大潜能与深层次规律。对此，刘大为（2010：13）做过深入阐述："随着认知语言学特别是构式语法对'非核心结构''新奇用法''非典型用法'的日益重视，甚至形成了不仅要表征高度概括的规律，也要解释个别特征的规律，要'描述语言中所有类型的结构'的宏图，语法研究越来越关注上述那些临时的、偶发的、个别的、能产性较低的、往往在使用中才发生的不可推导现象，以至于将习语也纳入了学科的范围，这就与修辞学发生了深度的交叉。显而易见的是，构式语法以之为学术增长点的那些非典型现象，其实都是传统修辞学早就关注的，然而在构式语法的研究方法中呈现出了新的意义。"

超常规组配形式，通常能让听读者获得新奇而深刻的识解体验；而表征此类认知经验的句法形式一旦触发其他言语行为主体的认同，就可能激发他们重复应用该组配形式的兴趣。随着语用频率的逐步提高，原本基于注意力视窗的独特开启而创造出的偶发性组配形式，很可能就会沉淀为新的语法结构并获得能产性，正如刘大为（2010：9）所言："临时形式虽然是偶发的、独一无二的，却同样受着语言结构规则的制约。重复使用如果是在利用规则的情形下进行的，就会有一种完全不同的方式……这种重复使用造成了新的单位，所以具有了能产性。可替换就意味着有一个结构框架已经形成，重复使用的是框架而不是它的话语实体。"在这种过程中，语言的表现手段便不断丰富起来。因而可言，基于注意力视窗的独特开启而创造性地进行超常规的句法组配,有助于不断丰富语言表现手段,具有深远的影响力,值得开展系统而深入的探讨。

三、注意力视窗开启对于叙事性文本建构的价值

除了具有丰富语言表现手段的重要价值之外,注意力视窗开启理论,对于创造性地建构叙事性文本,也具有积极的指导意义。

3.1 可以打破常规认知图景、激发独特认知体验

通过调节注意力视窗开启状态,特别突显或者灵活聚焦人们所习见的认知场景中的独特环节或细节,继而进行超常规的句法组配,可以创造出无限丰富而又生动鲜活的文本,有助于拓展文本的审美空间、提升文本的审美价值。

对于同一场景,可以选择不同的注意力视窗开启模式,从而突显该场景的不同部分(或者不同环节、不同细节)。且以位移事件场景为例略作说明。当位移事件中的"路径"(path)因素被注意力关注时,便进入了"路径视窗开启"(path windowing)的认知过程。理论上,当路径框架被激活时,完整的概念化的路径可以划分为开端、中端与末端三个部分,但在话语建构的过程中,由于特定的交际环境的影响或者特定交际意图的制约,言说者往往不需要将这三个部分全都表征出来,常常只需"通过开启注意力视窗将路径的某一阶段前景化(foregrounded),而将不重要的路径部分背景化(backgrounded),则路径的不同阶段得以突显。在特定的交际语境中,听者可以重建背景化的路径部分,并推导出完整的路径概念"(邓宇,2014:15)。从注意力视窗开启的本质来看,上述将路径分作三段的做法可谓是一种简约抽象的模式化处理,理论上,整个路径的所有环节所有细节都可以被注意力视窗关照、突显;由此进一步推论则可以说,所有事件框架的任何一个部分及其所有细节,都能通过调节注意力视窗的开启状态得到突显。认知主体调节注意力视窗,关注事件框架的特别环节或独特细节,在此基础上进行超常规话语组配,能够激发听读者调整对习见景象的聚焦状况,甚至是建构出全新的景象,从而获得新奇的认知体验。例如:

(6)我拿出烟来请他抽。他很老练地**敲出一支**,舔了一头儿,倒过来叼着。我先给他点了,自己也点上。他支起肩深吸进去,慢慢地吐出来,浑身荡了一下,笑了,说:"真不错。"(阿城《棋王》)

(7)秦天走出电梯,长长的走廊尽头一个身影靠着墙抽着烟,手中的烟头闪着红光,他低头看着白色的地板,无聊地发着呆,安静地听着走廊间回荡的脚步声越走越近。秦天从他身旁走过去时,他抬起头来叫住了秦天,从烟盒中**甩出一支烟**递给秦天,掏出火机帮秦天把烟点燃,又给自己点了一支。(网络)

对于我们所熟知的抽烟场景,从烟盒中取烟的动作行为,一般的言说者往往采用常规的"抽""拿"等可以与"烟"直接组配的动词来表征;但由于作为物质基本属性之一的信息"是物质间接存在性的自身显示……是不守恒的"(鲁川,2001:1—2),因而,足够多的应用次数或足够高的应用频率,都会使得某个词语或话语形式所表征的信息不断耗损以致完全"透明",从而使得听读者似乎可以不假思索地顺畅理解,甚至似乎不需要分配任何注意力以至于"视而不见,听而不闻"。因此,致力于创造性建构话语的言说者则会积极采取措施,如借助注意力视窗的独特开启等,调整认知视角,进而以全新的视点为参照,或者以全新的观察方式重新感知、认识外在世界,以便形成与常规观察所获迥异的认知图景,并在此基础上筛选、组配信息,建构出富有创新性的句法形式,借此"可以触发听读者分配更多注意力,从而感受语言意义所具有的独特体验性或某种鲜活的具体性。如此处理……可以拓展文本的审美空间,提高文本的审美价值"(杨彬,2019b:92)。上面例(6)中的"敲"和例(7)中的"甩"这两个动词,是言说者基于注意力视窗的独特开启,聚焦并突显习见的取烟场景中低频出现的或较

为个性化的动作,即"敲击烟盒"与"甩烟盒",继而进行超常规句法组配,迫使听读者延长关注时间,并被动激活甚或主动重新建构关于取烟的认知图景,借此打破熟视无感的认知体验从而获得新奇而鲜活的陌生化感受。

在具有鲜明叙事属性的诗词与歌词中,此类超常规句法组配现象也相当常见。依据上述分析思路,可以认为下面三条语例中的超常规组配形式都是基于调节注意力视窗的开启状态实现的。

(8) 可怜楼上**月徘徊**,应照离人妆镜台。(张若虚《春江花月夜》)

(9) 楚天千里清秋,**水随天去**秋无际。(辛弃疾《水龙吟·登建康赏心亭》)

(10) 我**脚下的影子/从来不肯试着像谁……我微醺的醉/对镜子傻笑**/脸上的快乐很直接。(方文山《烟味》)

在例(8)中,"徘徊"意指在一个地方来回走动,在人类的认知常识中,月亮不可能在某个地方来回移动,因而"月徘徊"的超常组配形式,势必会迫使听读者分配更多注意力以构想并理解"月亮往复徘徊"的奇幻景象。依据注意力视窗理论,可以认为"月徘徊"是言说主体通过独特的注意力视窗开启,聚焦于往复徘徊的人,从而确立月的相对运动状态,由此可以推知"月徘徊"实则是"人徘徊"所致,诗人不采用"人徘徊"的常规组合而创造超常规的"月徘徊"的句法形式,自然会刺激听读者进一步反推并思索"人徘徊"的状态与原因等,从而强烈地感受离人内心沉重的相思苦痛。例(9)中的"水随天去"也有异曲同工之妙。在常规的认知经验中,与大地对应的天空是相对静止的,而江水则是流动不居的,让流动不居的江水追随相对静止的天空不断远去的景象,无疑是令人费解的。若要理解并认同"水随天去"的句法形式,就必须摆脱正常的认知方式,从而在心理空间上调整天空、大地与江流之间的相对运动关系。如此操作,势必会改变我们对世界的惯常的认知图景,而在延时体悟的过程中,听读者可以更真切地感悟辛弃疾内心"乾坤倒悬、社稷飘摇"的主观化世界图景,因而也才可能更为深刻地感受辛弃疾心中健者虚闲、壮志难酬、徒然无奈蹉跎江湖,悲愤终老的蚀骨痛楚。基于注意力视窗理论,可以认为上述独特而强烈的表达效果,正是词人通过调节注意力视窗的开启状态、聚焦江流所倒映的天空而实现的,在听读者与词人共鸣所生的黯然神伤的恍惚之中,江水与天空似乎完全混融,滔滔的江水随着辽远的天空奔流不息,雄浑沉郁的艺术气象油然而生。而在例(10)中"我微醺的醉/对镜子傻笑"所建构的,也是一种奇幻的景象,据认知经验可知,醉意与"我"本应是浑然一体的,但歌词作者通过注意力视窗的独特开启,聚焦突显脸上的"醉意",从而使"微醺的醉"被前景化,并从主体"我"之中鲜明地游离浮现出来,仿若一个独立于"我"的有生客体,在兀自对着镜子傻笑。听读者受此超常规组配的句法形式的刺激,被迫分配更多注意力进行延时体悟,自然可以不由自主地陷入歌词所营造的意境之中。例(10)中"我脚下的影子"也属此类情况,不再赘析。

听读者唯有真正"入境(即情境或意境)"之后,才能切实与诗文或歌词的创作者实现"共情""同心"式的共鸣与互动。从这个角度可以说,基于注意力视窗的独特开启进行超常规句法组配,对于诗词或歌词创作,能够产生不可估量的激发效应,值得深入探究。

3.2 可以灵活变换聚焦方式以自由调节叙事速度

"在任何特定叙事中,构成被叙世界的事件与状态,可以或快或慢地呈现。其展开的速率,就是所谓的叙事速度(narrative speed)。"(普林斯,2013:56)叙事速度取决于被叙时长或被叙事件的复杂程度与叙事文本长度之间的比例关系。如"(我)先钻进车厢,想找个地方坐下,任凭站台上千万人话别"这个句子中的"千万人话别",可谓是极其复杂的事件,但因为被笼统关照而没有被精细聚焦扫描,可以说其叙事速度极快;与此相反,若简单事件被精细扫描,则可认为叙事速度极慢。

通过调节注意力视窗的开启状态,可以灵活变换聚焦方式,或精细扫描聚焦,或散点跳脱聚焦,或交错叠加聚焦,不一而足。基于此,可以自由调节叙事速度,从而创造出灵动多姿的叙事文本。例示如下:

(11)(王一生)说着就抬身从窗钩上取下书包,往里掏着……他已把棋盒拿出来,放在茶几上。(阿城《棋王》)

(12)我打一个呵欠,**点起一支纸烟,喷出烟来**,对着灯默默地敬奠这些苍翠精致的英雄们。(鲁迅《秋夜》)

(13)武松手硬,(蒋门神的小妾)哪里挣扎得。被武松一手接住腰胯,一只手把冠儿捏得粉碎,揪住云髻,隔柜身子提将出来,往浑酒缸里只一丢。(施耐庵《水浒传》)

在例(11)中,作者注意力视窗逐步开启、依次聚焦,绵密细致地铺排出"说、抬、取、掏、拿、放"等六个动词性结构,似快实慢地突显出整个取放象棋过程中的主要节点,以精细扫描聚焦的方式,详细记叙主人公"棋呆子"王一生急切地取放象棋、急于逮住人下棋的行为,细腻鲜活地描绘出王一生对于象棋的痴迷之态。相较而言,例(12)的叙事速度,则明显快得多,关键或应在于叙事过程中作者跳脱了抽烟事件中"深吸一口"这种子事件,以散点跳脱的聚焦方式,将"点烟"与"喷烟"两个非连续子事件直接组配起来,显著加快叙事进程。而例(13)则可以说是交错叠加聚焦的典型语例,作者通过调节注意力视窗,忽而聚焦于武松,忽而聚焦于蒋门神的小妾,恍若摇镜头摄像,很容易让听读者产生缭乱晃动的认知体验。这种叙事尽管因描述细致而似应判定为慢速叙事,但由于内部的注意力焦点(focus of attention)变换极快,因而总体叙事速度似慢而实快。

3.3 可以创造出陌生化的语用效果

通过调节注意力视窗的开启状态,灵活变换聚焦方式,不仅能够自由调节叙事速度,往往还能创造出"陌生化"的语用效果。所谓陌生化就是"要审美主体对受日常生活的感受方式支持的习惯化感知起反作用,要很自然地对主体生活于其中的世界不再看到或视而不见,使审美主体即使面对熟视无睹的事物时也能不断有新的发现,从而延长其关注的时间和感受的难度,增加审美快感,并最终使主体在观察世界的原初感受之中化习见为新知,化腐朽为神奇"(赵一凡,2006:339)。例示如下:

(14)a. 七十年代初生活条件好一点,亲朋上门,父亲偶尔会让我去当时比较有名的淮海饭店**炒两个菜端回来**,那时候觉得饭店的菜味道太美了。(网络)

b. 可能是十岁左右的时候,有次家里来了客人,老爸便让我去街上的餐馆**炒两个热菜回来**。(网络)

c. 骆京生**炒回来**的菜,一个是熘肝尖,一个是熘肉片。(黄蓓佳《没有名字的身体》)

在(14)a中,"炒两个菜""端回来"都是习见的句法组配方式,将现实世界中依次发生的小事件联缀起来加以描摹,模拟的是注意力视窗的惯常开启状态;严格说来,此例中的"炒两个菜",实则也是调整注意力视窗进行特别聚焦的结果,因为"炒"这个动作行为并非是"我"实施的,它所表征的信息实际是"花钱请厨师炒",在日常交际中,"炒两个菜"这种句法形式的语用频率较高,遮蔽了该例中"炒菜"实际包含的具体性或丰富性。(14)b省略了动词"端",实则是注意力视窗的"末端窗"(final windowing)被关闭的体现,因而使得整个事件的叙事速度明显加快。相较而言,例(14)c的"炒回来"的叙事速度因省略成分更多而显得更快;从注意力视窗的角度看,可以认为,该例是言说者叠加开启"花钱请厨师炒菜然后打包带回来"这个事件的"开端窗与末端窗"(initial and final windowing)的结果;从语义的角度分析,则可认为该句法形式存在逻辑冲突,因为"炒"具有[−位移]语义特征,而"回来"则具有[+位移]特征,这种截然对立的语义冲突,使得"炒回来"成为超常规的组配形式,具有鲜明的新异性,势必会迫使听读者分配更多注意力以理解之。虽然"炒回来"所反映的认知经验具有现实基础,但因为"炒"与"回来"这两个语义信息跨度较大,致使听读者在理解的过程中会遇到较大的困难,然而,一旦"炒回来"所激活的认知经验获得认同,引起人们重复应用的兴趣,"炒回来"的性质也就会在反复使用的过程中慢慢发生变化,会获得"V+回来"这个结构的构式义。

此外,在叙事性话语建构的过程中,基于注意力视窗的独特开启,铺排联缀"开端窗"和(或)"末端窗",则可以形成叠加效应,创造出叙事速度更快、语用效果更强的丰富多姿的文本。例如:

(15)武汉撤守后,**由长沙而衡阳,而桂林,而重庆,**(傅)抱石一直都是为抗战工作孜孜不息的。(郭沫若《桐荫读画》)。

(16)诺诺者犹诺诺,敢言者已气蔫。**因气蔫而退隐林间、而浪荡江湖、而寄情佛典禅寺**者,不在少数,深隐于喧闹市井中沉潜不语者,更为众多。(龙应台《目送·江湖台北》)

很明显,例(15)的"由长沙而衡阳,而桂林,而重庆",是基于叠加联缀"开端窗"与"末端窗"信息所形成的精警新异的句法形式,能够更加突出傅抱石不辞劳顿孜孜不息全心效力抗战工作的奉献精神;而例(16)的"因气蔫而退隐林间、而浪荡江湖、而寄情佛典禅寺"则可谓是铺排联缀"末端窗"信息而创造出的富有沉郁的具体性的话语形态,能够非常强烈地再现出台岛士林因高压而黯然沉寂的可悲情形。

四、结　语

从认知语言学的视角可以发现,儿童语言习得过程中所出现的由"喝牛奶"到"拿牛奶"式的句法替换,不宜仅视作具有一定创新性的初始连接,而应视作儿童语言创造性应用能力获得突破性发展的明证;儿童这种创造性应用语言的现象,对于深入探究语言的创造性应用的内在规律具有深刻的启发意义。本文以注意力视窗理论为指导,遵循语体语篇的研究思路,针对大量具体的叙事性话语展开深入分析,探究注意力视窗开启对于创造性建构叙事性文本所具有的价值。研究表明,妥善调节注意力视窗开启状态,特别突显或者灵活聚焦人们所习见的认知场景中的独特环节或细节,依据独特的认知体验超常规地创造具有鲜活具体性与新奇表现力的叙事文本,能够拓展文本的审美空间、提升文本的审美价值;妥善调控注意力视窗开启状态,灵活变换聚焦方式,还能自由调节叙事速度,创造出灵动多姿的叙事文本,有助于激发听读者打破常规认知图景,获得陌生化的审美体验。从长远看,基于注意力视窗开启而造就的超常规句法组配形式,或许还会因足够高的语用频率而沉淀下来,从而丰富语言的表现手段。由于叙事话语是人类最基本最高频的话语形式,叙事文本具有无限丰富性,所以本文对于叙事文本的研究,只能是窥豹一斑;从注意力视窗开启的角度探析叙事文本中的超常规组合现象,是一个有待系统深入探讨的课题,值得开展系列研究。

[参考文献]

陈保亚,2009.当代语言学[M].高等教育出版社.
邓宇,2014.注意力视窗开启在路径事件框架中的现实化——来自现代汉语连动式的证据[J].外语教学(2).
邓宇,2019.基于语料库的隐喻运动事件方式语义突显度研究[J].天津外国语大学学报(4):102-110.
费尔迪南·德·索绪尔,1980.普通语言学教程[M].高名凯,译.北京:商务印书馆.
杰拉德·普林斯,2013.叙事学——叙事形式与功能[M].徐强,译.北京:中国人民大学出版社.
李熙宗,2016.谈谈语体学研究的方法问题[J].当代修辞学(6).
刘大为,2010.从语法构式到修辞构式(上)[J].当代修辞学(3).
鲁川,2001.汉语语法的意合网络[M].北京:商务印书馆.
罗兰·巴特,1989.叙事作品结构分析导论[M].叙述学研究.张寅德(编选).北京:中国社会科学出版社.
熊学亮,1999.认知语用学概论[M].上海:上海外语教育出版社.
杨彬,2019a.修辞困境的三大矛盾及其突破路径[J].湖南师范大学社会科学学报(1).
杨彬,2019b.基于认知参照视域的超常规组配研究[J].当代修辞学(4).
张伯江,2007.语体差异和语法规律[J].修辞学习(2).
赵一凡,2006.西方文论关键词[M].北京:外语教学与研究出版社.
周振甫,2006.中国修辞学史[M].南京:江苏教育出版社.
邹韶华,2001.语用频率效应研究[M].北京:商务印书馆.
Cardini, F., 2008. Manner of Motion Saliency: An Inquiry

into Italian[J]. Cognitive Linguistics, (2): 533-570.
Halliday, M. A. K., 1967. Notes on transitivity and theme in English[J]. Journal of Linguistics(2): 212.
Slobin, D., 1997. Mind, Code and Text[A]. In J. Bybee, J. Haiman, S. Thompson (eds.) Essays on Language Function and Language Type: Dedicated to Talmy Givon[C]. Amsterdam: John Benjamins Publishing Company.
Slobin, D., 2004. The Many Ways to Search for a Frog: Linguistic Typology and the Expression of Motion Events[A]. In S. Strömqvist, L. Verhoeven (eds.) Relating Events in Narrative: Typological and Contextual Perspectives [C]. Mahwah: Lawrence Erlbaum Associates.
Slobin, D. et al., 2014. Manners of Human Gait: A Cross-linguistic Event-naming Study [J]. Cognitive Linguistics,(4): 701-741.
Talmy, L., 2000. Toward a Cognitive Semantics (Volume I): Concept Structuring Systems [M]. Cambridge, MA: MIT Press: 25-26, 258-309, 222.

想象到知识：公共空间[①]话语进路与知识图谱中的"中国"[*]

樊小玲

(华东师范大学对外汉语学院，上海　200062)

摘　要　作为"想象-知识"连续统中最重要的凸显，文学公共空间、传媒公共空间和教育公共空间构成的宏大话语网络结构共同形塑着国外公众对中国的认知。通过对各公共空间的发展进行批判性省察发现：作为想象符号的"中国"，随着文学公共空间由公共领域向文化消费空间的转向，对国外公众认知的影响力呈现出分散、多元化的状态；教育公共空间中的"中国"，以知识化的符号通过权威话语体系强力塑造了国外公众对中国的认知；在传媒公共空间中，由于政治权威和大众意愿之间传统关系的颠覆，受操控的大众传媒公共话语被国外公众之间新的话语关系网络与知识体系所消解。教育公共空间的发展与科技革新从根本上影响着其他两个公共空间中的"中国"。公众的教育水平、知识的反思能力与新时代传媒公共空间的话语表达关系，以及其对另外两个公共空间中的"中国"认知的影响则是未来学术公共空间中国形象研究的新方向。

关键词　公共空间　想象　权力　符号　知识化

作为人类社会参与者间互动和传播的主要形式，话语不但具有"形式、意义、文体、

[①] 本文的公共空间与哈贝马斯的公共领域有所相关，但不尽同。哈贝马斯的公共领域特别是资产阶级公共领域究其根本是一个历史范畴，强调具有共同意愿、超脱于利益集团私利之上、拥有共同关注的普遍利益、不受公共权力约束与国家权力对抗、私人自愿组成、拥有一定规模的"公众"，强调具有公众互动的媒介和场所，强调公共意见的形成要达成共识。本文的公共空间指的是社会生活中建立在互动和共同实践的基础上公共使用的空间。这里的互动和共同实践不只局限于公众之间，也可是国家在场的、社会主动参与的共同平台；至于参与结果，"多元化、去中心的认识将在这里被充分展示，共识的取得不再是必须"。转引自陆扬《信息社会学的一个新视阈：公共领域与公共信息空间》，《情报资料工作》2013年第5期。

[*] 本文系国家社科基金一般项目"'一带一路'沿线国家汉语教材中国形象传播策略研究"(项目编号：16BXW062)的阶段性成果。

修辞、图式结构等特征"(露丝,保罗,2016),它还是一种"交际事件"(露丝,保罗,2016),是"社会文化语境中的语言使用者在交际过程中实施的社会行为"(露丝,保罗,2016)。

话语不仅栖于文本的各个层面,也栖于公共空间之中。存在于不同公共空间和公共话语中的"中国"并非是一个单一的意向符号。以往虽有不同的研究者从文学、传播学、政治学、国际关系、语言学等角度进行纵向梳理①,然囿于学科间的樊篱,"中国"这一意向符号仍处于被割裂的状态。我们依然无法在纷繁复杂的庞大研究系统中充分发现"中国"在整个国外社会的公共空间中以何种姿态存在,拥有怎样的规训力量,以何种话语进路影响国外公众。本文试图从近20年来学术公共空间展现的国际社会中国形象研究的知识图谱着手,观察作为交际的事件与社会行为的公共话语建构的"中国"在哪些公共空间具有凸显效应,进而从这些公共空间本身的结构与发展出发,探究其对国外公众"中国"认知的规训力量,挖掘不同公共空间中的"中国"如何交织在一起构成更宏大的话语网络结构共同形塑国外公众对中国的认知,并追寻其关系、动因及未来可能性路径。

一、公共空间与公共话语中的"中国"

作为一个复杂的结构体系,公共话语由不同场域(如文学、传播学、政治学等)的话语组成,"每个场域的话语包括不同的话语主体、话语区间、话语对象和媒介工具"(伊丽莎白,2000)。各个以场域为标志的公共空间里的中国形象在一定时间内以特定的关系连接在一起构成一个更为宏大的话语网络结构,塑

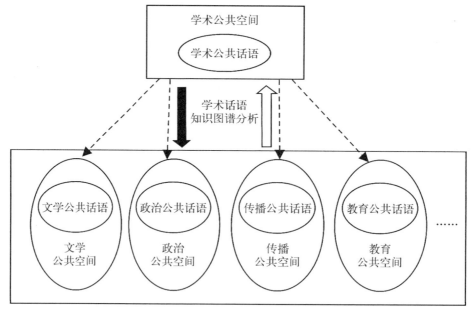

图1 学术公共空间、学术公共话语与凸显效应功能路径

---

① 转引自秋叶《中国形象演变史的研究成果》,《国际汉学》2019年第3期;徐天博、崔巍《国际期刊上的"国家形象"知识图谱——基于Web of Science数据库的可视化分析》,《国际传播》2018年第6期;相德宝、张弛《议题、变迁与网络:中国国际传播研究三十年知识图谱分析》,《现代传播(中国传媒大学学报)》2018年第8期;王海洲《国家形象战略的理论框架与中国方案——基于象征政治学的探索》,《上海行政学院学报》2018年第4期;陈琳琳《中国形象研究的话语转向》,《外语学刊》2018年第3期等。

造着国外公众对中国的认知。学术期刊是学术成果发布的载体,是多元知识主体进行观念整合的场域和学术交流的公域空间(韩璞庚,2011)。学术期刊中"中国形象研究"以学术话语为表层结构生成了这一层面的公共话语,对这一层面一定时间段内公共话语中的中国形象研究知识图谱进行审视,可以观察作为交际的事件与社会行为的公共话语建构的"中国"在哪些公共空间具有凸显效应。

通过观察1999—2019年20年间发表于CSSCI期刊的中国形象研究论文知识图谱的关键词聚类可发现,"中国形象"在文学公共空间、政治公共空间、传播(传媒)公共空间以及教育公共空间等都具有凸显效应[1],而最为凸显的当属文学公共空间、传播(传媒)公共空间和教育公共空间[2]。然而值得注意的是,在整个社会公共空间内部,"不同空间的话语如同光谱似的横向展开,顺序排列的光谱波长并不一致,显然,每一种场域的话语都拥有不同分量、威信和权力"(南帆,2008)。这主要跟每个空间的话语主体、话语区间、话语对象和媒介工具[3]直接相关,同时还与每个场域的公共空间格局及结构相关。因此,在透过学术话语这一公共话语层面分析探讨中国形象在不同公共空间的生产时,我们不能只从知识图谱这一技术层面进行考察,还需深入到社会空间结构、时代背景等一系列相互交错的复杂关系之中,对其背后的意图、权力、意识形态等进行解构和进一步的批判性省察。

二、文学公共空间的"中国":想象的符号及其规训力量

文学公共空间是中国形象建构较为重要的场域之一,作为一种"异域特点浓厚的文化镜像"的中国形象一直处于动态演变的过程之中。从中世纪到第二次世界大战,西方流传着各种关于中国"变色龙"的"神话"[4],欧洲的中国形象也总是根据不断变化的文化语境而变化。从18世纪开始,中国形象在西方社会中对公众的影响更具凸显性效果,这与当时文学公共领域的形成密不可分。在哈贝马斯看来,"公共领域最好被描述为一个关于内容、观点、也就是意见的交往网络,在那里,交往之流被以一种特定方式加以过滤和综合,从而成为根据特定议题集束而成的公共意见或舆论"(哈贝马斯,2003)。

18世纪的欧洲,文学作品的出版数量激增,传播力度增大,不同作者将具有个人主体性的言说付诸文字,他们在文本中阐述的关于自我、群体、国家乃至世界的不同理解与想象,在最大范围内借助阅读过程进行传播(胡振明,2018)。咖啡馆作为物理公共空间,成为重要的信息交流平台,甚至有些咖啡馆业主自己编辑、印刷新闻报纸供顾客阅读,这一切为客人提供了自由言说与批判性论争的机会(胡振明,2013),由此文学公共领域逐渐形成。"艺术和文学为生活方式和生活历史释放出一种革新力量……表现为评价词汇的不同组合,表现为价值取向和需求解释的不断更新,并通过

---

[1] 由于本文研究基于狭义的话语、话语进路及话语公共空间中的"中国",因此不以狭义的话语作为表征的绘画、音乐等艺术公共空间没有纳入本次研究的范畴。
[2] 这三个公共空间并非有截然明显的界限,它们在分布上由家族相似性类聚而成。属于各个不同空间的有典型成员和非典型成员之别,如文学空间中的典型成员以语言文字为工具,使用各种修辞以及表现手法,形象化地反映客观现实,包括诗歌、小说、戏剧和散文等文学作品,它们是文学公共空间的原型,是非典型成员如影视文学的参照标准。传播(传媒)公共空间则以广播电视、报纸等传统的大众传媒为其典型成员,新兴的网络媒体是传播(传媒)公共空间的重要模式,电影也是传播(传媒)公共空间的形式之一。而如报纸上的散文、网络上的诗歌、课本里的小说等这些则属于不同公共空间交叉的部分,在本文研究中可依据研究者的出发点进行空间定位的取舍。
[3] 话语主体是指拥有特定话语权的个体或利益共同体,例如公共知识分子、新闻发言人、社会管理机构、公共媒体、网民等。话语区间是话语传递的有效空间范围和时间长度,即覆盖面。话语对象包括话语区间的目标对象和潜在接受者。
[4] 秋叶在其论文《中国形象演变史的研究成果》(《国际汉学》2019年第3期)中提到,雷蒙·道生(Raymond Dawson)在其著作《中国变色龙:关于中国文明欧洲观的分析》(*The Chinese Chameleon: An Analysis of European Conceptions of Chinese Civilization*)中,将欧洲视野下的中国文明比喻成"变色龙"。

感知模式的变化来改变生活方式。"(哈贝马斯,2011)涉及中国形象的文学作品如伏尔泰(Voltaire)的《老实人》《中国孤儿》,简·奥斯汀(Jane Austen)的《曼斯菲尔德庄园》,维克多·雨果(Victor Hugo)的《中国瓷瓶》,泰奥菲尔·戈蒂耶(Théophile Gautier)的《咏雏菊》,丹尼尔·笛福(Daniel Defoe)的《鲁滨逊漂流记》,戈德史密斯(Goldsmith)的《世界公民》,迪金森(Lowes Dickinson)的《约翰中国佬的来信》,阿列克谢耶夫(Aleksyev Vasiliy Mihaylovich)的《1907年中国纪行》,凡尔纳(Jules Gabriel Verne)的《一个中国人在中国的遭遇》,莎士比亚(William Shakespeare)的《仲夏夜之梦》,卡罗·戈齐(Carlo Gozzi)的《中国公主图兰朵》等都在社会上广为流传。在《世界公民》第三十三函里,李安济对英国人说:"你千万不要以为中国人和土耳其人、波斯人、秘鲁人同样愚昧……在各门科学上,中国人和你们一样;而且中国人另有其专长技术,欧洲人还不知道呢。"(Goldsmith Oliver,1820)在那个时代,"人们借助以作品为载体、以市场为动力、以社会为对象的理性批判话语取代了旧有的社会共识,公众以更规范、更深入的批判话语参与更广泛的社会舆论建构"(胡振明,2018)。

我们进一步考察文学公共空间的话语主体、话语区间、话语对象和媒介工具。在文学公共领域形成后,话语主体是对于当下社会具有自己的思考并希望以此影响读者的拥有写作话语权的作者及具有出版权的书商,话语区间则是作品出版之后的所有时间,话语对象是能购买并阅读到这些作品的读者,这些读者可以和作者处于同一时空或者不同时空,在这种情况下这些读者大多数属于受过教育的精英阶层。从技术层面上来说,文学公共领域的形成、话语区间和读者的无限延展对于中国形象在受众中的认知过程可产生延绵不绝的深远

影响。然而,当我们进一步探讨便可发现,文学作品中的异国形象常常"是作者虚构出的'空洞'形象,它从作为一个内在自足的符号系统的文学文本中而不是文学对现实的依附性中获得存在的合法性"(王茜,2017),在很多作品中被消解掉真实社会历史文化含义的中国形象(如凡尔纳《一个中国人在中国的遭遇》)作为"具有更深层结构的能指符号有其更加具象和真实的指向"(王茜,2017)。因此一方面文学公共空间是种种启蒙观念的策源地,是描述和阐释历史的重要依据,是通过感知模式的变化来改变公众认知和助其重铸社会现实空间的途径;另一方面,文学又无法脱离其"在多维层面同时展开的精神文化现象,行走在现世的现实性和精神的超越性之间,是一种多元决定的'社会意识形式'"的本质(董学文,陈诚,2006),其中的"中国形象"在某种程度上也许更多是作为一种想象的符号而存在,蕴含着作者对其身体感知、生存实践、审美经验的表达和对人类社会人的生存境况与文化心灵的解读。因此具有"文学"这一特质的中国形象不可避免地会随着公共知识分子介入之后进一步的批判性省察而不断被建构、解构。随着文学公共空间在19世纪和20世纪之后向文化消费空间的转向,同时由于科学技术的发展带来的传播媒介的变化①及话语空间的多样化,文学公共空间对国外公众认知的影响力呈现出分散、多元化的状态。多元化指的是文学公共空间话语除了以文学作品方式直接影响受众,更多的是以一种背景化的力量,与其他公共空间形成合力影响国外公众对中国的认知。

三、传媒公共空间的"中国":被操控的公共话语及权力的消解

"大众传媒是现代社会政治、经济与科学技术发展的共同产物,更是当代社会公共空间

---

① 传播媒介的发展经历了口头传阅、手抄传阅、纸质媒介(报纸杂志)、电子媒介(广播电视)、数字媒介(网络)等阶段,本研究的传媒公共空间指报纸杂志、广播电视及数字等媒介传播方式,这样的划分方式其实也是借鉴了哈贝马斯对公共领域不同发展阶段的划分。

的主要依托。"(南帆,2008)大众传媒未出现之前,公众交流观点的"精神广场"显然并不足够也不充分。大众传媒出现后,才有了真正意义上作为"社会秩序基础上共同公开反思的结果"(哈贝马斯,1999)的公众舆论。德国哲学家阿伦特(Aerndt)和杜威(Dewey)都把大众传媒作为公共领域的典型与中心。大众传媒公共空间随着科学技术的发展经历了纸媒、广播电视、网络的一系列阶段,从学术公共空间中研究议题的变迁可以看出知识分子对这些媒体中"中国形象"关注的变化。

通过观察1999—2019年20年间发表于CSSCI期刊的传媒公共空间的中国形象关键词的主要聚类可以发现,绝大部分的研究都将注意力集中于美国、日本、德国及中国周边主要国家的主流媒体①及其影视作品②中的"中国"。无论研究者就大众传媒中"中国形象叙事模式及传播策略进行思考,还是对'中国'这一想象共同体的传播进行历史向度与当代维度的重现与解析,或是对全球化新语境下中国形象传播进行的系谱性的考察"(樊小玲,2019),这一系列的学术话语反应链都显示出了学术话语空间中对于大众传媒深刻影响公众"中国"认知的审视与警惕。这与报纸、广播电视等大众媒体在英国、德国、法国等许多国家的发展历程直接相关。当以路透社、德新社和法新社等通讯社为代表的媒体渐渐从"由私人组成的公众的私人机构变成官方、半官方机构"(哈贝马斯,1999),逐渐受到政府的管理和控制,传媒最初掌握在私人手中不受公共权力机关干涉的基础被彻底颠覆了。"(政治)报纸的出现并不是为了商人,而是相反,商人围着报纸转。"(哈贝马斯,1999)在大众传媒空间中,"政府、政党和各种组织积极参与新闻活动,有计划地制造新闻或利用有关事件吸引公众注意力,连大众娱乐与广告的结合也具有了一种政治性质"(展江,2002),大众传媒话语便增添了形塑公众意识的色彩。

随着媒介技术的大幅发展以及市场的成熟,作为公共空间大众传媒的媒介工具,报纸、广播电视等超越了场所的限制,消除了话语交互的时空和距离的影响。大众传媒的话语区间也随着传媒空间的延展而拓展,这使得"异质人群的异时'聚会'(对话)成为可能",并"模糊了社会情境之间的分界线","大众传媒以种种特有的方式接纳或排除、团结或区分着人们"(约书亚,2002)。这一公共空间话语主体则为报纸、广播电视等各大媒体机构及其代言人,作为公共话语的再生产者、传播者和把关者,他们有筛选信息话语、组织信息话语、强调某些话语、反复拓展某个话题的权利,拥有议程设置的权利。"大众传媒的支配性质使得大众传媒在很大程度上支配着公共舆论。"(杜波,2010)就话语对象而言,由于传播方式的变化,比起参与以咖啡馆、书店为关键性场所的文学公共空间的少数精英阶层,大众传媒话语的接受者数量激增。然而与文学公共空间面对面的交流有所不同,大众传媒公共空间的话语互动虽具有双向性质,但在这一互动之中公众信息回馈的数量及强度呈现出非常强烈的空间异质性和不对称性,公众通常出现在大众

---

① 本内容出现于杨雪燕、张娟:《90年代美国大报上的中国形象》,《外交学院学报》2003年第1期;徐明华、王中字:《西方媒介话语中中国形象的"变"与"不变"——以〈纽约时报〉十年涉华报道为例》,《现代传播(中国传媒大学学报)》2016年第12期;高楠楠、吴学琴:《美国媒体话语中的当代中国国家形象变迁审视——以〈基督教科学箴言报〉为例》,《安徽大学学报》2017年第5期;尹锡南:《公共外交与国家形象:中印关系新视野》,《南亚研究季刊》2013年第2期;吴光辉、肖姗姗:《想象与方法:战后日本的"中国形象"》,《日本学刊》2015年第5期;张玉:《日本报纸中的中国国家形象研究(1995—2005)——以〈朝日新闻〉和〈读卖新闻〉为例》,《新闻与传播研究》2007年第4期;贾中山、朱婉君:《西班牙媒体三大报纸上的中国国家形象分析——以"十八大"期间涉华报道为例》,《现代传播(中国传媒大学学报)》2013年第4期等。

② 本内容出现于罗维:《论电影跨文化传播中的"中国形象"建构》,《中南大学学报》2016年第4期;高兴梅:《好莱坞电影里中国形象的变迁》,《南京政治学院学报》2015年第6期;杨晟、刘家林:《早期(1896—1911年)西方涉华纪录片中的东方主义》,《现代传播(中国传媒大学学报)》2015年第4期;周勇、黄雅兰:《从图像到舆论:网络传播中的视觉形象建构与意义生成》,《国际新闻界》2012年第9期等。

传媒公共空间舞台的观众席,主要作为聆听者、被动接受者。有一些研究者认为,"在大众传媒传播的大众文化面前,具有自主性的公众群体逐渐蜕化为受大众传媒影响的'大众'"(杜波,2010),主流媒体拥有相当强大的规训力量。甚至有研究者认为在大众传媒公共空间中,公众为媒介所奴役,被媒体技术所操纵。在哈贝马斯眼中,大众传媒公共空间中的公众已由文化的批判者彻底变成了文化的消费者,公众的权利也已在无形中被具有支配力量的传媒褫夺,大众传媒公共空间中的公共舆论沦为精心策划的"公众舆论"与虚假共识,单向话语传播成为其实质特征。

学术公共空间中的研究者对主流媒体中的"中国"进行了长时期追踪和大量研究,发现在这个公众舆论被操控的大众传媒公共空间,"中国"总是以一种刻板印象的话语方式出现。中国威胁论在近20年内日益高涨,中国形象及其传播完全"无法摆脱长期以来陷入的被妖魔化、被误读的困境及由于话语权缺失而引起的在国际传播中错位、疏离与无力的问题"(樊小玲,2019)。

特别需要注意的是,大众传媒高速发展的社会背景与社会语境是科技发展与教育的普及。因此,一旦科技进一步发展,进入网络全球化的数字媒体时代,这样的社会背景与社会语境便立刻与新的科技迅速融合,使得传媒空间的话语进路发生天翻地覆的变化。"互联网不仅打破了信息垄断,而且使少数组织和个人获取、应用和控制信息的特权变为广大公众共享的基本权利,从而瓦解了话语表达等级结构,开启了公共话语表达权的新时代。"(贺义廉,2015)

中国形象的传播模式也因此发生了深刻变化。随着"话语交往方式的对话性进一步增强,'主—客'多向交互反馈模式取代了'主—客'单向认知模式"(韩璞庚,2011),形成了网络媒介中特有的由源文本和流文本构成的"超语篇"结构。这直接体现在源文本、流文本交互叙事叙述方式和结构中话语对象与话语主体的直接交流以及话语对象之间的互相交流。尽管由媒体主导的"源文本"对于公众对"中国"的认知与判断依然有着非常强大的影响力,但这样新的话语交互模式使得公众在新话语互动模式中形成对"中国"新的共识有了可能性(周萍,2018)。

而近年来以具有广阔视野、良好教育背景及理性思维的公众为专业问题分析者的社会问答信息平台(如Quora网站①)特别值得关注。在这样的话语空间中,话语的媒介工具、话语区间、话语主体、话语对象相较于纸媒和广播电视媒介时代都有了显著的变化。从媒介工具来看,社会问答信息平台带来了全新的交往方式和行动方式,人类社会在"流动的现代性"背景下的全球全时化传播时代通过网络和新媒体,个体与群体之间被重新组合和连接(吴志远,2018),公众得以在非正式、多元化、专业及多线程、网状结构的话语空间中获得更全面、更理性的交流。而讨论的议题则涉及国外公众最为关心的问题,从中国的食物、中国制造的水平、中国贫困地区的发展、中国经济的走向再到来过中国的外国人是怎么看中国的,等等。作为具有极强专业水准的话语主体将自己的专业知识、理性意见公开表达出来,与话语对象直接交流。在这样的话语进路中,公众对中国的认知更加全面和深入,可以展开相对理性和客观的讨论与协商。在这样的基础上,"被操控的大众传媒公共话语"逐渐被公众之间建立的话语关系网络与知识体系所消解和平衡。

当我们梳理完大众传媒公共空间发展的历程和这些公共空间话语结构中的"中国",再

---

① 在Quora搜索中,中国是除美国外最受关注的国家。关于中国,海外公众关注的问题达到11万,有130万用户关注,仅次于美国的170万,两倍于第三名的德国;同时,相比2017年的81万,2018年的关注数增长了60.5%。这些数据在一定程度上反映了Quora上的海外受众对中国具有较强烈的了解意愿与信息需求。转引自何冰洁《利用海外问答平台Quora改善国际传播效果》,《今传媒》2018年第10期。

回过头来审视学术公共空间。从大众传媒公共空间1999—2019年CSSCI期刊"中国形象"研究知识图谱来看,在大众传媒"中国形象"的研究脉络与发展进程中,研究者的目光依然更多停留在主流媒体,新媒体平台仅出现在最边缘的位置,无论从数量还是话题丰富程度来看,都显得缺乏应有的关照。而其中社会问答信息平台中的"中国",CSSCI期刊中的相关研究论文为零,这正是未来研究者需要关注且可以进一步挖掘的部分。

四、教育公共空间的"中国":被知识化的符号与反思的知识

康德(Immanuel Kant)曾说过,"观念是我们行为的唯一永恒准绳"。在人类社会中,人们总是通过知识建构观念,通过知识来理解和阐释行动,根据知识来指导行动,一切知识都包含在人的行动之中。同时每个人的个人意识在他表达个人感受和内在冲动时受到了公共思想中建立起来的文化网络的影响,这种公共思想是用符号表达并由主体相互之间分享的(哈贝马斯,2009)。这些所谓的观念、公共思想的形成与主体在其成长过程中获得的"知识"密不可分。人类行动倚重的科学发展所提供的大量说明性知识通过人们的教育、日常交往和生活得到传播并实现共享,教育的作用就是通过教育公共空间实现知识、技能、美德以及集体意识的普及,因此教育公共空间是获得说明性知识最为重要的空间。

托马斯·沛西·能(Thomas Perey Nunn)认为教育的公共性体现在它是通过学校这一公共空间传递人类社会的文明和人类价值的来源。无论是现代公共教育最早开展的西方国家还是后发的现代国家,教育的公共性价值都表现为在实现民族国家认同、形成价值共识、加强社会动员和团结、消除或缓解阶级冲突等方面的作用,因此教育公共空间和教育公共话语是"最大限度实现国家和社会的公共利益的工具"。

话语不但是人类社会参与者间互动和信息传播的主要形式,它还是一种稀有的象征性权力资源,权力和社会宰制体现为某些社会群体对公共话语的优先使用和控制。文学公共空间以个人(个体)主体性与社会公共性之间的相互建构为特征,社会群体对公共话语有较为优先的使用和控制权;网络新媒体公共空间以众声喧哗为特征,公共话语的使用和控制相对自主;而教育公共空间作为一种制度化的体现,更能体现权力和社会宰制。教育空间话语就是拥有不同文化资本的人对于历史、经验、知识及日常生活意义解释权进行争夺的结果,教科书则是这一结果的有力工具和承载物。教育空间话语强化学习者的道德范式,让他们探究世界的概貌和世界上事件的形态和意义,建立共同背景知识,并同时确认自我身份、群体身份、国家身份。教育这一话语实践使学生把个人生活与更广阔的领域关系、地域、目标、意识形态、价值观以及其他人类关心的问题进行框架性建构。

教育空间的话语具有权威的性质,这样的权威不仅赋予某一种标准的文化以合法地位,而且排斥所有其他的话语,这正成为知识生产和组织的依据。教育空间的话语权威不但影响知识的选择,也通过知识的传授影响社会关系的建立。约翰·斯特克利(John Steckley)对加拿大77本社会学教科书中关于原住民的话语进行分析发现:在这些教科书中,少数族群对于国家建设贡献的话语被消除,少数民族贡献被框定为不存在的或最小化的或被渲染为自利的行动。这些话语表述删掉了征服、殖民与新殖民化的历史,将少数族群塑造为为了摆脱贫穷、战乱而依赖西方经济的形象。而真正关于这些少数族群的知识,或是被隐匿,或是被去资格化(图恩,2015)。教育空间话语中的知识是经过筛选、重塑后的再现。

尽管如此,教育公共空间话语依然是以一种客观体系的姿态出现。教育公共空间媒介工具为课堂、教科书。整个教育空间话语的叙事模式是"类似科学性的叙事方式,这样的叙事模式最重要的特点是弱化实施者与动机,叙述者的主观意图被隐藏于'知识体系'之下,使得学习者理所当然地认为教科书是正确的、客观的"(樊小玲,2018)。作为知识权威的话语主体与作为知识接受者的话语对象之间话语权与话语地位的绝对性悬殊,又为教育空间的话语增添了不容置疑的权威性色彩以及进一步使得话语对象唯有保持缄默和接受的状态。

在这个公共空间中,话语的流动在本质上是单项的、极其不对称的。学校、教师作为知识的生产者和验查者存在,考试作为知识的检验机制存在,话语对象只能是知识的汲取者、考试机制的被验查者。于是,在教育公共空间被言说的"中国"作为权威的、客观的、被知识化的符号通过课堂,通过教科书,通过考试一次一次重现,被深深编码、刻印在话语对象的认知系统中。教育话语空间中的"中国知识"作为科学的代名词是最为隐蔽和最容易为人忽略的,也最容易对青少年的认知与未来行动造成不可更改的印象。

在西方,从中世纪各类大学由于知识生产与传播的优势获得了大量特权开始,到中世纪晚期国家开始定义知识的类型,设置办学目标,再到19世纪初大学法人社团的独立地位部分恢复,其实各个时期都有涉及中国的教科书影响着学生对于中国的认知,如法国的《百科全书》,美国的《世界历史与当今世界的关联》,日本的《世界历史》《世界地理》,德国的《政治教育信息》《政治和时间史》,俄罗斯的《世界文明史》,印度的《政治理论和实践》《高中历史教科书》等。作为一个被知识化的符号,"中国"在教育公共空间的话语路径是非常值得关注的。

我们通过考察1999—2019年20年间教育空间中被知识化的符号发现,研究者最关注教育空间中的"中国形象",其中包括中国的周边国家日本、俄罗斯、韩国教育空间中的"中国形象",也包括西方国家比如美国、德国教育空间中的"中国形象"。最受关注的对象为教科书,而在教科书中最受关注的则是历史教科书。研究者就"'中国'作为他者如何在另一个国家、民族和社会'自我想象'和'自我确认'扮演了不可或缺的对照资源,通过对于'中国'的观察、描摹、审视和思辨,来实现其自身的文化定位,从而更好地构建、完成'自我'的认知与想象。这个再现和重构的过程中对中国采取了怎样不同的情感色彩的叙述和评价性描述等手段,形成了中国的不同姿态"(樊小玲,2018)等等问题进行了较为深入的研究。

但其实除了历史教科书,我们应该以更广阔的视野来看待教育公共空间中对"中国"的认知问题。

比如,若我们把语言教育公共空间看作是语言市场——一种通过话语实践构筑起来的非结构性力量,把语言看作是在全球各个国家不同市场之间相互转化的资本,我们是否可以对比英语输出大国——美国。美国在世界各地推行英文的时候,是如何通过教育公共空间和教育公共话语影响其他国家的青少年获取文化资本,进而将其转化为经济和社会资本,并以此来改变自己在群体中的归属、地位,又如何潜移默化地影响他们对美国的认知。中国又该如何在教育公共空间中充分利用语言市场、语言资本,并在这个过程中进行中国知识的生产与再生产。

比如,除了关注中国形象在教育公共空间的历时发展变化之外,是否更需要关注当前共时状态下世界上各个国家的教科书是如何生产"中国知识"的,这些"中国知识"由谁来定义,由谁来选择,为什么如此选择,以及中国知识体系的话语是如何构建的,会带来什么影响。

比如,在教育公共空间中,除了历史教科书可以作为中国形象载体,还可以关注哪些教科书?国语教科书、地理教科书、社会科学教科书是否也值得关注?可以自塑中国形象的国际汉语教育的载体——汉语教科书是否也值得关注?中国形象载体的范围是否可以进一步扩大?

再比如,在教育公共空间中,受教育的程度与知识的反思能力有何种相关性,这种相关性会对国外公众的"中国"认知造成什么样的影响?教育公共空间对其他公共空间中"中国"话语的形成与传播有什么影响,例如在文学公共空间、传媒公共空间这些公共空间中,具有不同教育程度和知识反思能力的人会起到什么作用,谁是具有影响力的主流。

以此为引子的一系列问题都是目前的研究还不曾关注的。教育公共空间中的"中国"有进一步深入研究的可能性,也有进一步研究的价值,亟待公共知识分子的介入。

五、多维公共空间中的"中国":关系、动因及未来路径

以学术话语空间为视角,纵观20年来各个话语空间中的"中国形象"研究,从时区图谱中,我们发现对于"中国形象"的关注最早始于文学公共空间,发展于传媒公共空间,对教育公共空间的研究则属于较新的学术命题。

这些空间中的"中国"从各自的角度出发共同编织成一张巨大的"网",显示了国外社会公共空间正在以一种复杂的话语进路与机制共同影响着国外公众对中国的认知。不同公共空间背后的意图、权力、意识形态等皆有差别。文学公共空间中的"中国"作为想象的符号而存在,在以理性批判社会的话语为特点的文学公共领域兴起的时代,曾经对当时公众的"中国"认知起着最为巨大的作用。然而随着文学公共领域的式微,公共知识分子介入之后进一步的批判性省察以及文学公共空间向文化消费空间的转向,"文学"这一特质的"中国形象"不可避免被建构、解构,对国外公众认知的影响力呈现出分散、多元化的状态。想象与知识是一个连续统,文学公共空间处于连续统中最靠近想象的一端,而与以"想象"为主要特点的文学公共空间处于截然相反方向的是教育公共空间中知识化符号的"中国"。这个权威的、客观的、被知识化的符号经过教育公共空间的深层编码,刻印在话语对象的认知系统中。处在这一连续系中间位置的是传媒公共空间。作为当代社会公共空间的主要依托,传媒公共空间占有中国形象传播中最重要的位置和最庞大的体量,随着科学技术的发展经历了纸媒、广播电视、网络的一系列阶段。在纸媒与广播电视阶段,公众舆论可以说是处于被操控的状态,"中国"总是以一种刻板印象的话语方式出现。随着网络世界的兴起,Facebook和Twitter以及社会问答信息平台的发展,政治权威和大众意愿之间的传统关系已被颠覆,被操控的大众传媒公共话语逐渐被公众之间建立的话语关系网络与知识体系所消解与平衡。当下,新媒体与网络公共空间的话语路径是未来研究值得关注的方向之一。另一点值得注意的是,由于大众传媒高速发展的社会背景与社会语境是科技的发展与教育的普及,教育公共空间的发展与科技革命会从根本上影响其他两个公共空间。因此,公众的教育水平及知识反思能力,新时代传媒公共空间的话语表达关系及其对另外两个公共空间国外公众"中国"认知的影响,都将是未来学术公共空间中国形象研究的新方向。

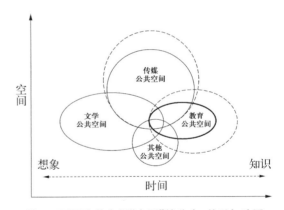

图 2 不同公共空间"中国"的分布、关系与动因

[参考文献]

董学文、陈诚,2006."审美意识形态"文学本质论浅析[J].湖南师范大学社会科学学报,(3).
杜波,2010.大众传媒与公共领域之间的悖论[J].思想战线,(6).
樊小玲,2018.教科书叙事:自我认知、世界图像与国家形象传播[J].现代传播(中国传媒大学学报),(10).
樊小玲,2019.汉语教科书话语实践的功能维度与中国形象的传播[J].现代传播(中国传媒大学学报),(10).
[德]哈贝马斯,1999.公共领域的结构转型[M].曹卫东译,学林出版社,113.
[德]哈贝马斯,2003.在事实与规范之间[M].童世骏译,

三联书店,446.
[德]哈贝马斯,2011.现代性的哲学话语[M].曹卫东译,译林出版社.
哈贝马斯,符佳佳,2009.公共空间与政治公共领域——我的两个思想主题的生活历史根源[J].哲学动态,(6).
韩璞庚,2011.公共理性、学术话语与学术期刊——当代中国学术期刊的历史使命[J].东岳论丛,(1).这里的公域空间与本文所指的公共空间一致.
贺义廉,2015.论普通民众公共话语表达权的突破[J].青海社会科学,(6).
胡振明,2013.言说与论争：文学公共领域的流变[J].国外文学,(4).
胡振明,2018.作品、市场、社会：文学公共领域形成初探[J].浙江大学学报(人文社会科学版),(1).
[英]露丝·沃达克,保罗·奇尔顿主编,2016.(批评)话语分析的新议程理论方法与跨学科研究[M].苗兴伟导读,北京大学出版社2016年版,第3页.
南帆,2008.文学与公共空间[J].南方文坛,(4).
[荷兰]图恩·梵·迪克,2015.话语研究多学科导论[M].周翔译,重庆大学出版社,222.
王茜,2017."空洞"的所指：《一个中国人在中国的遭遇》与文学形象学的另议[J].中国比较文学,(4).
吴志远,2018.离散的认同：网络社会中现代认同重构的技术逻辑[J].国际新闻界,(11).
[德]伊丽莎白·诺依曼,2000.大众观念理论：沉默螺旋的概念[M].董璐译,中国社会科学出版社,95-98.
[美]约书亚·梅罗维茨,2002.消失的地域：电子媒介对社会行为的影响[M].肖志军译,清华大学出版社,50-53.
展江,2002.哈贝马斯的"公共领域"理论与传媒[J].中国政治青年学院学报,(3).
周萍,2018."超语篇"的叙述方式与结构[J].社会科学,(12).
Goldsmith Oliver, 1820. The Miscellaneous Works of Oliver Goldsmith, Vol. III [M]. *London: S & R. Bentley*, 126.

汉语"语篇支持性"言语行为标记研究

东文娟

(华东师范大学,上海 200062)

语言学界对于话语标记类成分的相关讨论由来已久,基于目前研究现状,我们发现存在以下问题：一是对这样的语言成分的称谓名目繁杂,应该如何命名、定义,进而如何描写？其命名是否可以反映语言现象的本质特征并能做出进一步的下位划分？二是这样的语言现象所包含的内容庞杂,能否进一步分类,应该如何分类？其分类依据为何？是否有逻辑性、关联性？三是对于这类语言现象是否可以形成系统性、理论性的研究？如何将目前碎片化的研究加以逻辑性、理论性地整合,使分类体系与理论体系相互配合从而形成一种连贯性的面貌？

本文的研究目标就是回应以上问题。

回应一,我们从言语行为的视角出发,以系统功能语言学、标记理论、"新言语行为分析"、语篇衔接——连贯理论等作为理论支撑,以功能分析为主线,从语言学的顶层设计开始,将语言看作是基于一种行为过程假设的语言学,由此明确其核心概念——言语行为。借助胡范铸"新言语行为分析"中的分析,即言语行为的基本结构为"意图+支持",其中的"支持"可分为三种类型：概念支持、人际支持和语篇支持。在此基础上,我们厘清了言语行为、标记性子行为(支持性子行为)、言语行为标记的概念范畴以及三者之间的关系,将言语行为标记做了三分：概念支持性、人际支持性和语篇支持性,分别对应胡范铸理论体系中"支持"的三种类型,我们对其中的"语篇支持性"言语行为标记作出了界定,也是本文的主要研究对象。从这一命名出发可向下层层拓展、延伸,由此架构出一个关于"语篇支持性"言语行为标记的清晰、完整的系统。

回应二,我们以语篇功能为主线,收集了200余条言语行为标记,对它们逐一考察分析,进行了详细的分类与归类研究。在分类时,依据我们对言语行为的理解,言语行为既包括"说"这一言语行为的过程也包括其中的话语部分,即动作层的"说"和语义层的"所说"。作为对言语行为具有支持功能的言语行为标记也可以从这两个层面去分析,既在"说"的层面对说话人的动作连贯进行支持,又在"所说"的层面对说话人所构建的语篇之语义连贯进行支持,在此基础上拓展并推衍出整个分类系统。

回应三,我们以语篇功能为主线,围绕"语篇支持性"言语行为标记从语义层和动作层两个层面,对具体标记的功能进行分析:语义方面,从语义逻辑关系、语义阐释、时间顺序、语义填充和话题连贯五个方面展开,每个方面又依据不同情况仔细考察;动作方面,以言谈起始、持续和结束为线索去考察言语行为标记在言谈过程中发挥的作用,初步构建了言语行为标记的语篇功能体系。从语言观念、理论基础、核心概念到之下的工具性范畴以及子范畴,每一步推衍都保持了言语行为理论的一致性框架,既有鲜明特色,又丰富拓展了前人的研究。

(本文原载《语言文字应用》2019年第4期。有改动)

谣言传播的媒介化:数字元技术时代公共危机事件的话语斗争[*]

骆冬松[1] 胡翼青[2]

(1. 南京理工大学艺术与传媒学院副教授,南京 210093;
2. 南京大学新闻传播学院教授,博士生导师,南京 210093)

摘 要 谣言的传播与话语的形态总是因不同的社会情境而变化。在重大公共危机发生时,谣言的传播形态往往与日常生活世界中的八卦和扯淡完全不同,人们的焦虑和恐慌使谣言治理的诸种手段处于失效状态。而数字平台由于作为一种新媒介技术框架更是把这种焦虑和恐慌转化成形形色色的话语斗争。社会的各种结构性矛盾在网络谣言传播中的展现使话语斗争不断转向观点极化和话语暴力。面对不断被媒介速度和流量建构的话语场,我们需要的是放弃原有的思维定势和行为模式,以开放的心态应对新的话语形态。

关键词 谣言 公共危机事件 媒介化 元技术

近年来,国内外因谣言传播及因之生成的话语冲突引人瞩目。作为传播学者,下意识的反应就是冷静观察这种来自不同社会区位的话语冲突中的变与不变,并试图去发现变化背

---

[*] 基金项目:教育部人文社会科学重点研究基地重大项目"新媒体环境下中国媒体新闻传播创新研究"(16JJD860003)。

后的原因。固有的问题依然存在，即人们总是相信那些他们愿意相信的信息，不管这些信息是否可靠和科学；新的问题层出不穷，谣言正在从非正式渠道中传播的小道消息，变成社交媒体和大众传媒上堂而皇之的信息洪流。由此可见，在危机事件层出不穷的风险社会中，我们对于谣言和治理谣言的理解都还需要深入探讨。

一、重大社会危机事件框架中的谣言

给谣言下一个定义是很困难的，在不同的历史阶段，不同的社会、文化、政治制度下，谣言都会表现出不同形态，不可能有一个普遍适用的定义。G·奥尔波特作为实验社会心理学的开山鼻祖和一代宗师，《谣言心理学》是其一生所写的唯一一本无法通过实验方法得出结论的心理学著作。然而，这本通过"道听途说"即汇总各种相关研究写成的著作，成为一本无法跨越的经典。可能关注过这位谣言研究里程碑式人物的学者仍然记得他对谣言的经典定义："谣言是一种未经证实的、偶然性的谈话。"(奥尔波特, 2003)但大家已经忘记了奥尔波特最重要的贡献，他提醒我们，他所研究的谣言是战争时期的谣言。"当重要事件出现时，个人从来不只是认可这件事，他的生活深受影响。在他的意识里，事件的情感暗示产生各种幻想，他便寻求解释并想象不着边际的后果。"(奥尔波特, 2003)在战争期间，由于人们确定性的生活受到了威胁，所以人们处于高度的不安全感中。任何信息源都无法有效给出让人感到确定的信息，因此一切权威信息源都可能被怀疑，一切信息源也都有可能因其提供的信息符合想象而被传播。

在奥尔波特之前，芝加哥学派的托马斯就提出了著名的"情境"定义，而在奥尔波特之后，戈夫曼又把"情境"发展成为著名的"框架"概念。依据情境定义的观点，人们总是要对自己面对的社会现实作出解释，并依据这种解释来行动。所以，任何社会行动都是在个体所定义的情境中实现的。即便是华生的忠实信徒，奥尔波特在情境定义上还是皈依了芝加哥学派的观点。所以他发现："如果我们听到的谣言给事实作出了一个符合我们私生活的解释，我们便愿意相信并传播它。"(奥尔波特, 2003)因为人们之所以接受和传播谣言，一定是因为该谣言符合人们对情境的解释。

在日常生活中，即使没有什么特殊情况，谣言也无处不在。"大部分日常社交谈话总包含着谣传。"(奥尔波特, 2003)这些流言蜚语，即使未经证实，也无伤大雅。这只是人们彼此间维系友好关系的一种方式，即找个话题，避免在打发时间时无话可谈的尴尬，谣言的传播方与接受方都没有真正将谣言当作重要的信息加以对待。对于这种谣言形态，法兰克福更愿意用"扯淡"这个词来概括。"毫无节制的扯淡，也就是做任何论断时只想着这场合适合说什么，而不在意所说的内容的真假。"(哈里·G·法兰克福, 2008)他还进一步讨论了这种基于现代性社会的谣言形态是怎样产生的："当今人们普遍相信，作为民主社会之公民，有责任要对所有的事或至少有关国家的任何事发表意见，这就导致大家纷纷扯淡。"(哈里·G·法兰克福, 2008)尽管日常生活中的扯淡已经具有很多很多反抗的因素，比如那种玩世不恭的心态以及对于真相的漠不关心，但社会成员一般不处于恐慌和焦虑的状态，因此及时的信息公开和证据的披露能够在一定程度上起到平息谣言的作用。按照奥尔波特的观点，在日常情况下，谣言在一定程度上可以通过对真相的公开，对传播谣言者的"训诫"和针对性的辟谣来解决问题。

然而，奥尔波特深知，战争时期的人们处于一种特殊的情境之中，他们的话语传播肯定与日常社交时的交谈不太一样，人们的常识无法确定战争带来的可能性，这便造成了情境的断裂。日常生活的意识流一旦被打破，人们立即处于高度焦虑之中，这种焦虑的核心是人的情感。谣言便成为缓解个人焦虑的手段，因为它可以用来填补现实和想象之间的巨大落差："谣言提供一种能供排解紧张情绪的口头发泄途径。"（奥尔波特，2003）"它似乎能不可思议地缓解他们不稳定的情绪和焦虑。"（奥尔波特，2003）到这里，谣言就从平时可有可无的谈资和议题变成了人们生活中的刚需，它围绕着相对集中的主题，层出不穷，并成为一种显性的话语形态。

也许在日常生活甚至是不太严重的社会危机事件的框架下，理性的标准，比如真相、经验和证据，在一定程度上能够起到平息谣言的作用。权威信息源公开事实尤其是公开可靠的细节和证据，可起到平息谣言的作用。如果依靠公权力对恶意造谣者进行打压，也能较好地起到平息风波的作用。但是，当谣言是心理危机框架下的产物时，那它就必然不是什么"谣言止于公开""谣言止于真相"这样的观点能概括的。在心理危机的框架下，表达自身焦虑和通过想象进行自我安慰成为个体存在方式中的重要内容，非理性的成分远远超过理性的成分。这就必然造成两个后果：其一，谣言总是先于事实的发布，而且谣言的议题设置左右着事实的发布；其二，在为数众多和混乱的信息中，人们分不清楚也不在意什么是事实什么是谣言，事实上哪种话语能够缓解焦虑他们就传播哪种话语。在严重危机事件的框架中，人类的认识论受到严重的挑战，事实本来就没有定论，因此它起不到缓解焦虑的作用。比如事实就是没有什么特效药可以有效治疗某种疾病，但人们愿意相信某种药品能有效治疗这种疾病，因为后者更能起到缓解焦虑的作用。辟谣也通常不会有什么效果，比如当媒体辟谣说喝绿茶不能预防某种疾病时，又无法告诉公众什么可以预防，所以并不能起到遏制谣言的效果。相反，什么样的信息及其逻辑符合个体的想象，能给人带来确定性的慰藉，什么样的信息就能广泛传播。实际上在重大危机事件中我们能观察到的现象是：主流渠道没有发布事实时谣言满天飞，主流渠道发布足够多事实且不断辟谣时，谣言依然满天飞，而且角度五花八门，简直防不胜防。

在认识论危机和不确定的情境下，谣言的传播不仅仅是一个发泄焦虑的场域，还是一个话语斗争和文化霸权争夺的场域。既然没有事实的标准，所有的意识形态都可以寻找到有利于自己的证据传播自己的观点和推论。有的言论一经推出便成了各种不同阶层和政治派别拉锯的话语空间，支持者眼中的真相就是反对者眼中的谣言，观点和立场引领着人们的认知和情感，引领着人们选择信息的标准，而不是信息的真实性和科学性先在于人们的观点和立场。每一方都使用谣言作为自身话语斗争的武器。这些平时就有巨大立场差异的阵营，当然不会错过"热点"营造的话语战场。社会结构性的对立也就因此从隐在的方式变成了显在的方式。

比如奥尔波特所描述的二战时期美国社会的话语形态。在二战期间，美国的战争局专门设立了公开事实和辟谣的机构，结果证明收效甚微，一些不太聪明的辟谣行动甚至引起了舆论的巨大反弹。不管传播的内容是否属实，公众都处于一种高度质疑的状态。而整个战争期间，种族主义者、父权主义者以及各种战争敌对势力都依据自己的立场不断进行谣言的制造与传播。

战争是人类系统中最可能引发不确定性的事件，其不确定性来自战争中无法把握的偶然因素。而在传播上，互联网时代的谣言则与二战期间的谣言不太一样。一是奥尔波特所描述的谣言在传播过程中会发生的变异，比如削平（leveling）、磨尖（sharpening）、添加（adding）、同化（assimilation），在互联网上表现得极不明显，因为在数字化的具身传播中，原始的版本很容易被搜索到，不容易变异。二是这些谣言传播范围极广，并不仅仅存在于个体的周遭世界，而总是让人感觉发生在个体的共同世界中，谣言具有了公共性的外表甚至是具有全球化色彩的公共性。三是这些谣言不仅会引发人们的不安和焦虑，而且会引发人们尖锐的观点对立，并随之在社交媒体平台上形成强大的话语暴力。所以，互联网时代的谣言传播与二战期间的谣言传播似乎不在同一个框架之中，而决定框架差异的只能是媒介技术变革及其带来的变化,于是这又涉及一个媒介化的问题。

二、数字元技术框架下的谣言

奥尔波特强调,他所说的谣言是基于人际传播的渠道上的:"传播的媒介通常是口头语言。"(奥尔波特,2003)奥尔波特对谣言所依托的媒介技术平台就是最原始的媒介技术——口语。尽管那时的美国,大众传媒已经相当发达,大众传媒上的谣言已经相当之多,但奥尔波特还是坚持强调谣言主要靠人际传播。也就是说,谣言在奥尔波特那里意味着最原始的具身传播。

然而,尽管今天的谣言传播也是一种具身传播,但这种传播按照延森的话来说,是一种媒介融合语境下的具身传播。他把身体看作是传播的第一维度,把复制技术看作是传播的第二维度,把数字技术看作是传播的第三维度。由于数字技术作为一种元技术将所有复制技术和具身传播方式都整合到了同一个软硬件物理平台上,因此,"在元技术的影响下,传播再次拥有了人际传播中的互动与多元化的交流模式的特征"。(克劳斯·布鲁恩·延森,2019)也就是一种新的具身传播方式出现了。正如延森所说的那样:"身体是拥有一个世界的普遍媒介。"(克劳斯·布鲁恩·延森,2019)这种新的具身传播,虽然看上去有人际互动的特征,但它完全不同于最初的具身传播,它要受到数字平台这种元技术的改造,而这种带有媒介化色彩的改造,极大地改变了传播的话语方式和话语特征。一种数字元技术所营造的新情境生成了。它不仅保留了原始具身传播的许多特质,而且将比大众传播更加强大的复制能力赋予这一情境传播的信息。"元技术"的具身性,其实就是人所具有的感性特质和感性表达通过媒介技术延伸到整个世界。如此,媒介和情境之间的关系也变得十分复杂。

媒介技术所营造的情境与框架会在很大程度上建构独有的话语方式,而技术的变革则会带来话语方式的断裂。基特勒很早就发现了这个问题,因此他提出了话语网络的概念。基特勒指出,话语网络1800(18世纪晚期到19世纪中期欧洲人的话语体系)完全不同于此前的话语网络,而它与话语网络1900之间也存在着重大的差异。"这些断裂是如此深刻,以至于阻碍了正常的文化延续性。"(杰弗里·温斯洛普-扬,2019)这个发现倒也不稀奇,因为福柯在《词与物》一书中已经很详细地阐述了这种观点,基特勒也承认福柯的知识考古学对他影响深远。不过,基特勒对话语断裂的原因阐释却独树一帜。与福柯认为话语断裂是天然如此的观点不同,基特勒认为话语断裂与媒介技术变革直接有关。"福柯认为,知识型的改变既无规律也无原因,基特勒则断言这种改变与媒介的转变(至少是转变的媒介实践)有关。"(杰弗里·温斯洛普-扬,2019)基特勒认为,在话语网络1800时期,在电力媒介登上历史以前,人们的听、说、读、写因为印刷媒体的使用可以没有障碍地相互转换,人因而对自己是语言使用的主体这一观念深信不疑。"1880年前后,光学、声学和书写的技术分流打破了古登堡的书写垄断。"(弗里德里希·基特勒,2017)精神和信息由此分离,写作的动作与思考的界面分离,人们开始适应标准化文本的阅读和机械化的写作,按尼采的说法,人类就此变成了思考、写作和语言的机器。

如果说电力媒介带来的技术框架已经深刻地改变了信息传播与思想的关联,那么在以数字平台为元技术的时代,这种变化便显得更加明显。在算法和流量的逻辑下,人们已经习惯于以自己的方式参与平台的信息生产,他们有强大的表达冲动和表达能力,这种能力是在抖音和快手等社交媒体平台被组织起来的。与此同时,以往在少数个体间传播的谣言信息有可能被流量平台以一种"涌现"的方式瞬间呈现在所有人的面前,很多谣言因此具备了社会公共议题的假象,当表达的冲动与信息的"涌现"交织在一起时,一个巨大的公共话语场由此生成。于是,涌动在人们周遭世界中的流言蜚语立刻被转化为共同世界中的洪大信息流。所以,在平台上巨大流量的无根据的话语仅仅因为其传播速度和广度本身,就会被个体当作是判断形势的知识基础,并构成他们话语行动的基本知识图底。此时此刻,被官方看作是小道消息的谣言通过数字平台这一强大中介已经下沉为数量巨大的公众判断现实的常识结构和情感结构,并因此成为他们头脑中的外部环境。而且由于这些谣言被太多公众所了解,因此公众可以依据这些谣言进行进一步的信息生产和信息加工,从而形成体系化的话语结构并由此形成一系列话语事件。

谣言在数字平台获得的巨大生命力,一方面与平台提供的共时性传播能力有关,另一方面是谣言的网状扩散方式与数字平台的网状结构非常类似。因此,这一技术平台能够在最大程度上发挥谣言的传播效能。在这种媒介技术平台的不断组织和作用之下,谣言的形态被"再度媒介化";而在谣言传播的过程中,这种媒介技术平台的技术潜能得以不断开发。两者之间的互相作用不断地形塑着话语网络的新形态。何志荣想用行动者网络理论(ANT)的视角对谣言传播进行阐释:"我们已经看到了这样的情形:异质性(heterogeneity)行动者(网民、政府、专家、医生,也包括一些非人的东西,网络技术、人工智能、算法技术、手机终端、电脑屏幕等)网络联结,在不断地转译(translation)过程中,构建了庞大的复杂的,有着自己运行逻辑的谣言体系。谣言不仅仅是网友制造并传播的,谣言的形成是所有行动者以及网络技术之外的各种社会因素建构而成的。"(何志荣,2020)这个描述非常符合当下的谣言传播形态,但需要强调的是,是话语方式和技术结构而并非人才是这个网络系统中的动力机制和组织者。准确地说在元技术的平台上,是谣言在主宰人的思考方式和话语方式而并非人在传播谣言。

不过,讨论至此,总觉得还有一个问题没有点破——为什么在平台媒介的技术框架中,谣言会渐渐转化为群体极化的话语斗争,甚至国家间的话语冲突也会围绕着一些未经证实的谣言而展开?更有趣的一点是,某些表达无论是不是谣言都成了话语争夺的焦点。谣言在这里从无根据的信息逐步变成了话语斗争的双方所倚重的证据和表征对方的话语武器,谣言撕裂社会的情境正在成为社会现实。对立的双方,如政治立场上的左派与右派,不同民族国家的政治代理人都会将没有依据且有利于支持自身的谣言或谣言中有利于自身的那一部分作为自己观点的证据,并指责对方的证据是谣言,在争执不断中使话语暴力升级。这种现象已经成为互联网时代舆论的显著特征。

美国社会学家古尔德在其著作《意愿的冲撞:社会等级的歧义如何孕育冲突》一书中分析了暴力发生的社会根源。他指出,冲突和暴力往往不会发生在身份和社会地位被明确规定的社会秩序中,而更容易发生在冲突双方身份和社会地位比较混乱的状态中。这种状态通常有两种情况:从时间向度上说,双方既有关系发生变化,原先社会地位较高的一方权力被削弱或地位较低的一方地位上升;从空间向度上说,双方地位相近,存在竞争关系或者无法确定对方的社会地位高低,判断比较含混。"(小规模的)冲突更有可能发生在相对对称的关系中;其中,行动者对其相对社会地位的理解具有含糊性,换言之,双方存在认知上的不对称,而这种认知有可能受到对方的挑战。"(罗杰·古尔德,2018)

社交媒体对不同观点和立场的呈现,是其重要的技术特征所带来的赋权,但多数人可能并不在意这种呈现是以对传播节点身份、地位的模糊化为前提的,这就是社交媒体技术必然带来的一个重要变化。在网上交流乃至交锋的人,多是陌生人,他们被社交媒体从共同的世界聚拢到了网络的"周遭世界",双方的认知完全不对称,他们往往不知道对方的身份和地位,会含混地将对方想象为与自己社会地位相近且具有竞争关系的个体。"在特定情形下,相对地位越模糊,这类冲突就越频繁,且越具有破坏性。"(罗杰·古尔德，2018)而互联网上的对立双方恰恰是相对地位最模糊的个体，因此他们之间的冲突最频繁，话语暴力越肆无忌惮。即使是熟人，其既有关系也会被社交媒体模糊化。

被数字元技术媒介化的谣言传播形态，确实已经不同于二战期间仍然基于口头传播的谣言传播方式。由于社交媒介对行动者的强大组织功能，导致谣言从口耳相传的街谈巷议终于变成了公共空间中话语冲突的导火索。人们第一次发现，在话语表达上，我们是如此身不由己。许多参与话语斗争的人发现，很多话在其他的场合或情境自己未必会这样表达，甚至未必会这样思考，但就这样被言说了。

三、延展性的思考

与日常生活中的扯淡不同，重大公共危机事件改变了谣言传播的框架。如果我们把日常生活中的扯淡看作是谣言的自然存在方式，那么重大公共危机事件提供了一个让它进入人们视野中心的"初始框架"。"初始框架，正是使场景中无意义的方面'转译'为有意义的那个框架。"(Goffman, 1974)然而，这个过程还没有结束，因为数字元技术平台的规则使这一初始框架再度被转译，公众开始习惯用数字元技术所偏向的方式言说、写作、传播和思考。而这个第二重框架，也就是媒介化框架，是推动意义转变至关重要的力量。用戈夫曼的话来说，这叫作"调音"："在初级框架的一些术语中早已有意义的活动，转变为被参与者视为其他东西的事物。这一转录的过程可以被称为'调音'。"(Goffman, 1974)就是在这两种不同的框架的建构下，谣言传播呈现出一种新话语形态。这种话语形态的常态化也许就是斯特勒所说的"话语网络2000"。也许今后面对谣言，我们还是要坚定地辟谣和公开真相，还是要借助相应的法律手段来进行治理，但一定要意识到，这未必一定奏效。

今天看来，之所以重大公共危机事件的框架和数字元技术的框架能够重新建构谣言的话语场，其主要原因是速度和速度感的变化。事件的突发性和发展的快速性会给公众带来一种令其恐慌的不安与焦虑，并因此强化公众对信息的渴求。而数字元技术的传播速度更是让公众面对五花八门各种缺乏有效根据的信息应接不暇。这样的速度会瓦解和重建一系列的关系：公众与权威信源之间的信任关系，陌生人之间模糊的社会关系，熟人之间的既有社会关系，甚至改变人们对空间和时间的理解和认知。

笔者曾经深入描述过在后真相时代，公众与权威信源之间的信任关系是怎样被瓦解的："面对受众的质疑，大众传媒处于一种两难的境地：如果跟社交媒体抢速度，它就不能确保自己的准确性，其专业性与权威性就会受到质疑；如果不抢速度，等到真相核实完毕，受众的兴趣可能早就转移，大众传媒就可能连介入新闻事件的时间节点都被消灭了。工业化的生产流程和专业化的意识形态，这些确保大众传媒成功的支点，现在都成为令大众传媒在突发性事件面前左右为难的包袱。"(胡翼青，2018)今天看来，速度影响的肯定不仅仅是大众传媒建构的旧有时空。速度对于既有社会关系的改造可能会直接改变一个时代的人们的心态、情感结构和话语方式。

在牛顿力学看来，速度是物理空间与物理时间的比值，是空间与时间关系的结果，这种观点已经成为常识。然而在爱因斯坦的物理观念中，是速度建构了空间与时间的关系，而这种观点仍然是一种"科学观点"而并未成为常识。很显然，牛顿所看到的仅仅是经验世界的表象，爱因斯坦的观念显然更能激发想象力。

如果说物理层面上的空间、时间和速度的关系可以推演到媒介技术营造的信息和精神空间中来，那么一种新的观念就应当这样来表述，即传播的速度建构了新的认知和话语空间，呈现了完全不同的世界和景观，同时也建构了新的时间感和速度感并因此重新占据了人们的心灵。这种速度正在帮助人们重新认识自己所生活的时间与空间，不断发现新的观念空间和精神空间。与此同时，社会话语方式变革和断裂，正在因为这种提速而变得越来越频繁。新旧话语体系间的断裂和冲突使舆论一片混乱。速度还导致信息的共同世界化和陌生人的周遭世界化在同一时间发生,所以在现象学视野中的每一个当代社交媒体使用者的精神世界,似乎都身陷高度的不确定性之中。

[参考文献]

奥尔波特等著,刘水平,等译,2003.语言心理学[M].沈阳:辽宁教育出版社.

弗里德里希·基特勒,邢春丽,译,2017.留声机 电影 打字机[M].上海:复旦大学出版社.

哈里·G·法兰克福,南方朔,译,2008.论扯淡[M].南京:译林出版社.

何志荣,2020.共生与平衡:媒介化社会"谣言观"的建构主义视角[J].新闻界(3).

胡翼青,2018.再论后真相:基于时间和速度的视角[J].新闻记者,(08):23-29.

杰弗里·温斯洛普-扬,张昱辰,译,2019.基特勒论媒介[M].北京:中国传媒大学出版社.

克劳斯·布鲁恩·延森,2019.媒介融合:网络传播、大众传播和人际传播的三重维度[M].刘君,译.上海:复旦大学出版社.

罗杰·古尔德,2018.意愿的冲撞:社会等级的歧义如何孕育冲突[M].吴心越,译.上海:华东师范大学出版社.

Goffman, 1974. Frame Analysis: An Essay on the Organization of Experience[M]. New York: HARPER COLOPHON BOOKS, 21.

·重要学术活动述评·

中国修辞学：辉煌之后何以重新出发
——"纪念中国修辞学会成立40周年学术研讨会"述评

裴洲司

(华东师范大学国家话语生态研究中心，上海 200433；海南医学院国际教育学院，海口 571158)

中国修辞学会成立于1980年12月，是中国语言学界第一个致力于语言运用问题研究的学术社团。2020年11月6日至8日，在学会成立40周年之际，中国修辞学会、上海大学外国语学院、上海大学修辞批评研究中心、复旦大学《当代修辞学》编辑部、华东师范大学国家话语生态研究中心和上海市语文学会在上海大学共同举办了"纪念中国修辞学会成立40周年学术研讨会暨中国修辞学会2020年学术年会"。

大会的开幕式和闭幕式分别由中国修辞学会副会长邓志勇和祝克懿主持。中国修辞学会会长陈光磊、执行会长胡范铸，上海大学副校长龚思怡，学会顾问宗廷虎分别代表中国修辞学会、上海大学及创会前辈致辞。中国修辞学会名誉会长张静，学会顾问柴春华、黎运汉，世界汉语教学学会前会长陆俭明，国际中国语言学会会长李宇明等专门发来贺信。来自60多所高校的100多位专家学者出席会议。卌载风雨，中国修辞学人为语言运用理论的深入、国家语言能力的发展、社会话语生态的建设不懈努力，展现了中国修辞学会这一学术共同体的精神风貌。四十不惑，新时代的中国修辞学研究何以重新出发？大会对此展开了热烈的讨论，聚焦以下四大问题：

问题一：修辞学学科身份究竟如何定位？

何为修辞学？修辞学与语言学是什么关系？这是长期困扰中国修辞学者的一个问题，也是中国修辞学发展亟待回答的一个问题。

复旦大学刘大为教授在其报告"修辞学的学科识别度"中指出，学科识别度是一门学科成熟的标志，以鲜明的学科识别特征区别于其他学科或其他学科分支，从而保证了自身在学科之林的存在。中国修辞学发展至今，已经成为语言学的一门分支学科，学科识别度的背后其实是我们对学科从研究对象到理论体系、研究方法的认知，应充分考虑修辞学的语言学性质究竟为何。

复旦大学曲卫国教授在其报告"修辞研究的'去人文化'问题"中提出，目前大量的修辞研究放弃传统修辞学的人文学科理论框架和方法，转而运用语言学和其他社会科学的方法。虽然理论框架和方法的社会科学转向使修辞研究增加了科学性，但偏离人文属性后，文本被"物化"，文本中的人文因素被严重忽略。修辞学研究不能只关注文本的"骨骼架构"，更要关注文本的生命存在。

问题二：修辞学理论范式究竟如何创新？

学科的发展离不开理论模型的创新，但理论创新的资源如何探寻？

复旦大学祝克懿教授的报告"社会文化关键词的符号功能表征"借鉴符号学、语言信息论的理论视角,考察涵盖自然科学、人文社会科学领域的关键词作为社会文化观念集合映射物的历史演变与功能分化路径。报告认为语言数据已然成为一种新型生产要素。关键词超强的意义传递、阐释能力和超强的信息索引、管理功能被高效地开发利用,发展成为语言文字符号化的一种特有表征和社会语言生活传情达意的一种便利工具。

上海大学邓志勇教授的报告"'簇聚'与戏剧:关于戏剧主义修辞批评方法论的思考"借鉴当代西方修辞批评的视角,讨论了戏剧主义修辞批评方法论。戏剧主义修辞批评是当代西方修辞批评领域的一种重要范式,包括伯克的"五位一体"修辞批评、博曼的幻想主题修辞批评以及费希尔的叙事修辞批评。虽然三种批评方法的具体操作不尽相同,但其背后的哲学观是相同的,即语言是戏剧。戏剧主义哲学观解释了修辞过程中"簇聚"的可能性和必要性。

华东师范大学胡范铸教授的报告"新言语行为分析视角下疫情防控治理体系中的信息传播"从融汇传统修辞学、语用学和话语分析的视角进一步阐释其新言语行为理论模型,并由此分析了疫情防控治理的信息传播现象,认为"疫情防控中的信息传播"本质是一种"社会动员行为"。在危机预防阶段,信息管理的关键是有效把握先机,维护正常的舆论秩序;危机一旦发生,信息管理的关键是有效实施社会动员,既及时全面采集疫情、民情的各种重要信息,又能使政府的信息发布获得社会的普遍认同;危机管控成功后,信息管理的关键是化危为机,重构社会信任和政府认同,推动城市形象的提升和社会的发展。

问题三:修辞学干预社会何以可能?

修辞意味着语言的运用,因此修辞学必须能够直面当代语言运用中的重大问题。

曲阜师范大学鞠玉梅教授的报告"香港媒体'国家认同'的修辞建构"以《南华早报》粤港澳大湾区新闻文本为个案,采用修辞与语料库话语分析相结合的方法,探索香港媒体的国家认同建构图景。报告认为,媒体在较高程度上呈现出以发展为中心的积极话语,构建了有利于香港发展的修辞视野,国家认同度较高;但发展中的一些阶段性问题易被媒体放大并传播,成为干扰国家认同不可忽视的因素。

华东师范大学甘莅豪副教授的报告"命名修辞:维基百科数字社区中的知识话语建构"分析了面临命名冲突时维基百科全书的知识构建模式。同济大学黄立鹤副教授的报告"基于多模态修辞结构理论的老年产品广告修辞策略分析:形象构建与心理诉求"揭示了老年产品广告修辞中"情感诱发理解加深产品购买身份建构"的实现机制。

问题四:修辞学与语言学其他分支的接口研究何以展开?

修辞是涉及诸多因素的一种过程,但它首先是对语言的运用,由此,就不能不充分考虑修辞学与语言学其他学科的接口问题。

复旦大学陈振宇教授的报告"直接语力失效与负迁移——兼论积极修辞与消极修辞的区别"认为,言语行为研究的一个核心问题是"语力"及"语力的实现"问题。华东师范大学祁峰教授的报告"试论语体特征对焦点操作策略的影响"梳理了对话语体和叙事语体中显性的语体特征。

中国修辞学既属于语言学,更属于全社会。因此,正如胡范铸在闭幕词中所强调的:中国修辞学人要面向社会、面向世界、面向未来,以修辞分析为路径,不断推进中国语言学的发展,推进社会、国家和人类的发展。

语言与认同：社会、文化、国家、全球
——第四届国家话语生态研究高峰论坛述评

孟凡璧[1]　武　宁[2]

(1. 华东师范大学国家话语生态研究中心,上海　200062;
2. 广西师范大学国际文化教育学院,桂林　541004)

"认同"是社会发展最重要的民心基础,语言在认同中扮演着重要的角色。2020年11月28日,由教育部"语言与国家认同关系研究"重大攻关项目课题组、华东师范大学国家话语生态研究中心暨国际汉语文化学院、《华东师范大学学报(哲学社会科学版)》《外国语》《社会科学》《当代修辞学》《社会科学报》、上海市语文学会和中国修辞学会等联合主办的"第四届国家话语生态研究高峰论坛"就此专门展开了研讨。

论坛由上海市语文学会会长、华东师范大学国家话语生态研究中心首席专家、《华东师范大学学报(哲学社会科学版)》前主编、《当代修辞学》编委会主任胡范铸主持,中国修辞学会会长陈光磊、《社会科学》主编胡键、《全国高校文科学术文摘》总编何云峰、澳大利亚中文教师协会原会长洪历建、国防科技大学军事外语系教授柳晓、《外国语》编辑部主任吕晶晶、复旦大学外文学院原院长曲卫国、华东师范大学政治学系主任吴冠军、同济大学外语学院院长吴赟、云南师范大学传媒学院院长魏红、上海师范大学外语学院副院长王国凤、新疆师范大学研究生处处长王阿舒、《上海大学学报(社会科学版)》编审周成璐等来自海内外约300位专家学者通过"线下+线上"的方式出席了本次论坛。

本次论坛不仅是语言学、政治学、传播学、社会学、哲学、国际关系学者之间的一次大规模直接对话,更是"语言与认同"研究从社会、文化到国家、全球视野的不断拓展。论坛聚焦于何为"认同"、"认同"什么、如何推进"认同"等一系列问题并展开了以下讨论。

一、"语言与认同"牵涉语言学、政治学、传播学等,要有效回应这一问题,首先就必须回答何为"认同","认同"何为?

"认同"(identity)常常被认为就是"同一性"。在本次论坛上,胡范铸、胡亦名的论文《谁的政治?何为传播?以何语言?——政治传播语言学的逻辑起点》对"政治""传播""语言"进行重新定义,提出一种新的理论范式——"政治传播语言学",并明确提出:"政治传播语言学就是运用语言分析、媒介分析、政策分析的一系列技术(方法),研究语言的传播何以影响公共知识、社会信仰和政治行动(问题),以促进不同的利益集团达成信仰互文、政治协商、社会共识(目标)的理论探索。""认同"并非简单"同一",因为"认同"的对象不但是多元的,还可能是冲突的。魏红的论文《边境地区在华缅籍青少年的语言身份与国家认同》便通过在华缅籍汉族青少年的国家认同、地域认同、民族认同、语言认同的关联与冲突,揭示了认同背后利益、价值观的考量及其平衡问题。上海大学雷红波的论文《语言与认同的多重性》、中央民族大学姚欣的论文《语言认同的本质及发展进路》等也从多角度对认同范畴进行了研究。

二、认同是一种生产,是在话语实践中出现的,具有可塑性、可变性与过程性的特点,那么推进认同,需要什么样的话语原则?

胡键在其论文《语言、话语与对外传播》中指出:"中国话语"是一种本土性知识,要能用中国话语讲好中国故事,获得他人的理解与认同,使中国知识成为世界性知识。同时须注意:走出话语"自恋",使中国话语具有普遍性的关怀;走出话语"孤独",使中国话语具有可对话性的内容;走出话语"偏执",使中国话语具有亲和力;走出话语"对抗",使中国话语内容具有可置换性。

曲卫国的论文《中国特色和全球认同》讨论了话语"特色"与"全球认同"的矛盾问题,强调目前中国话语要获得全球认同,最大的问题就是如何找出我们现代话语的世界性,唯有是世界的,我们的话语才能与其他人建立情感基础,我们民族独特的贡献和魅力才能得到全球认可。

何云峰在其论文《话语、话语方式与话语权》中,从方法论层面区分了话语权的4个面向、4个向度及由此构成的16种形态,进而以此分析了认同过程中的"有效话语"与"无效话语"。

三、认同是行动者意义的来源,是可以由行动者经由个别化的过程而建构的,而这一过程不仅离不开话语,更表现为各种话语形式与话语路径

吴赟的论文《中国文化的视觉翻译策略:概念、议题与个案应用》从视觉翻译的角度讨论在翻译中为了实现观念层面的文化认同,除了"文化稀释"这一路径之外,其他路径是否可能的问题。王国凤、陈孚在其论文《战争抑或摩擦?——〈纽约时报〉和〈中国日报〉中美贸易争端新闻报道的研究》中运用语言学的方法,分析中美两国关于贸易摩擦的新闻报道中隐喻及隐喻带来的一系列的框架性认识问题。

此外,甘苳豪《马赛克隐喻与环境戏剧表演:"老子"在维基百科对外传播中的知识形态》、樊小玲《同一·脱域·互文:马来西亚华文小学教科书与华人身份认同》、朱蒙《从"泰国性"国家认同建构到文化民族主义政策——泰国"单一化"语言政策形成原因探究》、陈媛《荷兰智库中的"一带一路"观:"一带一路"海外话语实践的建构》、孟凡璧《越南共产党政治建设的政治话语与建设重点——基于〈越南共产党第十二次全国代表大会政治报告〉的词频分析》等论文从互联网、教科书、语言政策、智库报告、政党决议乃至扶贫政策等不同视角,考察了"认同与语言""语言认同与社会认同""语言认同与国家认同""语言认同与文化认同""语言认同与全球认同"的关系。

人类是借助语言而实现互动建构社会的,作为社会互动载体的语言是"情感""生命""理念""意识"的统一,要有效推进社会认同、文化认同、国家认同、全球认同,离不开自觉的意识,离不开共通的理念,更离不开情感的沟通和生命的体验。正如胡范铸所强调的:语言与认同研究既需要家国情怀,也需要世界眼光;需要对个体生命的尊重,也需要对全人类共同利益的关注。或许这就是第四届国家话语生态研究高峰论坛带给我的启示。

跨学科视域中的语篇修辞学研究

——第十一届"望道修辞学论坛"暨"语篇·语法·认知"学术研讨会述评

李建新 闪洪

(复旦大学中文系,上海 200433)

2020年10月25日,由复旦大学中文系、《当代修辞学》编辑部、陈望道研究会共同主办的第十一届"望道修辞学论坛"暨"语篇·语法·认知"学术研讨会隆重举行。本次研讨会通过线上形式召开,邀请了汉语和外语学界的知名学者与会并作报告。会议围绕语篇研究,从修辞学、语法学到语言认知,展开了跨学科的前沿理论探讨。会议搭建了一个汉语与外语学界学术的对话平台,有利于不同学科的交融,为语言学研究注入了新的活力,同时拓宽了修辞学的研究视野,有助于修辞学研究的多元化发展。

出席本次研讨会并作报告的学者有(以报告的先后为序):陆俭明(北京大学)、张伯江(中国社会科学院)、方梅(中国社会科学院)、刘大为(复旦大学)、胡壮麟(北京大学)、黄国文(华南农业大学)、王文斌(北京外国语大学)、王振华(上海交通大学)等。这些学者在各自的研究领域都有着重要的学术影响和贡献,他们从各自的学科背景出发,采用不同的理论和方法,对语篇研究展开了多维度的理论阐释。

研讨会开幕式由复旦大学中文系祝克懿教授主持,复旦大学中文系副主任陶寰教授致开幕词。本次研讨会共分为上、下午两场,上午场的报告人有陆俭明、张伯江、方梅、刘大为4位教授;下午场报告人有胡壮麟、黄国文、王文斌、王振华4位教授。

上午场第一位报告人是陆俭明教授,报告题目为"语篇、语境、语义背景和认知"。报告首先扼要梳理了"话语""篇章""语篇"以及"语境""情景语境""语义背景"的不同说法,并加以认定。接着,报告结合翔实的例子,指出语篇分析与研究需要进一步从宏观和微观、理论和应用两方面进一步加以深化。从宏观、理论方面来说,需加强语篇的认知研究,需要进行数字化的探究;从微观、应用方面来说,亟须加强词语和句法格式的用法研究,特别是词语使用的语义背景研究。

接下来,张伯江教授作了题为"修辞的语法解释和语法的文化解释"的报告。报告围绕"修辞的语法选择观"和"汉语语法的戏剧性"两个方面,指出"语法好比解剖学,修辞好比美容术"的说法是对修辞的片面理解,并重新理解语法和修辞的关系。一方面,报告本着"修辞是语法选择"的观念考察了若干现象:一是题材与语法选择。以汉语故事性题材中存在句问题为例,讨论了操作性存在句和叙述性存在句的话语生态和篇章差异。二是对象与语法选择。从一个话剧案头脚本与舞台实现的差异观察出发,讨论两种形式对象不同所造成的语法选择差异。三是方式与语法选择。集中观察了中国文人日记中第一人称代词的使用倾向和使用条件,进而讨论年谱、小传等文体的人称问题。另一方面,报告以"汉语语法的戏剧性"为主题进行论述:一是中国戏曲中人称的变化。讨论了传统戏曲台词中第一人称与第三人称的交替和复合现象,论述其戏剧性效果以及对汉语语法的影响。二是把字句的戏剧性。依次讨论把字句趋向词的现场性问题、被字句被动遭受的抽象性问题以及把字句结构方式的戏剧性效果,论述把字句的修辞作用和文化基础。三是汉语指示词的戏剧性。讨论汉语定指表达与不定指表达不对称的原因,揭示指示词使用的修辞性选择和戏剧性基础。四是总结并提出了"用文化的视角看语法,用语法的视角看修辞"的见解。

接着,方梅教授作了题为"从引述到负面立场表达"的报告。报告首先指出,以往关于引述表达的研究关注较多的是直接引语与间接引语的编码差异、引述边界标记以及引述与传信范畴的关联性等,对汉语中以引述形式传递言者负面立场的表达关注较少。接着,以考察发现为基础,提出引述语的使用与负面立场表达之间存在着一种高频关联。从表现形式看,有相当一批表达言者负面立场的表达式是基于引语表达的衍生形式。一是通过第二人称/第三人称+引述标记"所谓"、"说什么"+引述内容、"说是"+引述内容等形式来阐释引述标记的派生形式。二是通过引述内容+"什么"+引述内容。如:"请什么请,哪有那么多经费啊。"同语让步。如:"这东西好是好,就是谁也不愿意买。"来解释引述构式。最后,报告认为:孤立地看不同表达式,很难解释其间的共性与差异性。上述负面立场表达功能的理解基础是对话互动中回声重复性应答语的非认同解读。因此,对于构式语义和功能的刻画与分析,除了要观察其邻接成分的影响,还要关照会话序列这一互动性语境对意义和功能解读的塑造。

上午场的最后一位报告人是刘大为教授,报告题为"语篇研究的修辞学路径"。报告指出:语言学研究的总体方向是从具体事实的分析到抽象规则的提取,为的是获得一个可解释尽可能多的语言现象的规则系统。但这个方向忽视了这个规则系统必然要进入语言的使用,它也会产生超出规则系统之外的新规则,即语言的下行演变。可见语言的发展演变有上行下行两个方向,推动语言规则下行发展的动力就是修辞。把语法化视为上行方向,那么修辞化就是下行方向。报告分别将这两个方向描述为上行的抽象化、常态化、概念化、效能化和下行的具体化、实态化、体验化、效果化。同样,当从言语交际的效能性出发去关注语篇的一般性、常态性结构时,其实是在进行普通的语篇研究;可是转而关注语篇是如何为满足特定的表达意图、语体条件、语境制约以及为了实现特定话语效果而形成时,就进入了语篇研究的修辞学路径。这样形成的语篇结构就可以称为修辞性的语篇结构。接着,报告简单介绍了四种修辞性的语篇结构:一是语篇的链接结构,二是元话语对语篇的调控结构,三是语篇的视域结构,四是叙事结构中的全景与分景。最后,通过研究实践证明,修辞性的语篇结构在为语篇研究打开新视野的同时,也在为修辞学的长久发展铺平道路,更在为语言学的明天勾画蓝图。

下午场胡壮麟教授第一位作报告,议题为"浅析'语音隐喻'的有关特性"。报告指出:自1999年起,在隐喻研究方面,除词语隐喻和语法隐喻外,语音隐喻研究已纳入国内外语言学界的研究视野,令人瞩目的是此项研究在国内受到更大重视,成果丰硕。报告试图从一些有关特性去分析其深层原因,如拟音象似性、跨域关联、语言差异性、跨语关联、功能性和融合性等方面。应该说,这些特性在汉语方面表现更为突出,因而推动了汉语的语音隐喻研究。

接着,黄国文教授作了题为"语篇研究中的语法问题"的报告。报告指出:在语篇分析和话语研究中,语法的作用是关键的。报告重点探讨了语法与语篇的关系,并通过不同时期的语篇分析讨论语篇在交际研究中的地位、作用以及它与语言学的关系。同时,对 Z. S. Harris 1952 年发表的 Discourse Analysis 一文作了评论,对语篇分析和话语研究的发展前景进行了展望。

接下来,王文斌教授以"从超常规四字格成语看汉语的个性特征"为题作了报告。报告提出:超常规四字格成语超越了四字格成语的常规组构类型,简约而不简单。报告对四字格成语语法超常规组构现象进行了分类探讨,并力图揭示其与汉语强空间性表征之间的关系。报告总结了三点发现:一是超常规四字格成语内部组构关系复杂,可大致分为异指、潜隐、缩合三类;二是超常规四字格成语形式与内容之间构成张力,但其内生性可以消解张力,而张力与内生的深层根源在于汉语的强空间性特质;三是超常规四字格成语与汉语强空间性表征具有同质关系,是汉民族强空间化思维的典型表现,同时也昭显了汉语的独特性。

最后,王振华教授作了题为"'评价系统'研究的'三位一体'视角"的报告。报告指出:评价是一种修辞,既有积极修辞的成分,也有消极修辞的成分。对"评价系统"的研究有助于发展修辞研究。报告以 CNKI 知网《中国学术期刊全文数据库》中的核心期刊为数据来源,借助知识图谱软件,按照发文分布、关键词聚类和话题时间线回顾了评价在语篇分析中的应用状况。数据显示,20 年来修辞学界在评价的范畴化、跨文化和跨学科研究方面做出了诸多努力。立足评价系统的理论内涵,报告提出评价在语篇分析中的应用需要加强整体和系统的思想，以便拓宽人际意义在横向与纵深方面的广度。具体来看，垂直结构上表现为语篇语义与词汇语法、语境层级的相互作用和联系，水平结构上重视语篇语义层面人际、概念和谋篇各项意义之间的互动，以发掘评价在隐性表征和态度韵方面的运作机制。报告最后针对如何发展"评价系统"的理论研究和应用，提出了"三位一体"的思路。

闭幕式由复旦大学蒋勇教授主持，复旦大学陈光磊教授致闭幕词。陈光磊教授深情缅怀了陈望道先生，指出本届"望道修辞学论坛"的意义，并提出修辞学研究要关注时代要求，联结相关学科，多元研究修辞，致力前沿学术。

本次会议参会人员达到590余人，互动热烈，讨论深入，产生了热烈的反响，讨论从会上延续到了会后。会议通过认知科学观照修辞和语法研究，内容涉及多个学科的前沿领域，通过跨学科的理论和方法的交流与碰撞，审视语篇研究领域中的修辞和语法研究，通过多维度的理论探讨，探索修辞、语法研究发展的新路径，更好地促进了修辞学、语法学、认知语言学等学科的交叉融合，呈现了一场精彩纷呈的学术盛宴。相信本次研讨会会成为修辞学创新发展的又一起点，修辞学科也将会以更新的理论范式、更丰硕的成果向学界呈现新的面貌。

第二届西方修辞学高端论坛成功举行

朱虹宇　陈曦　李克

（山东大学翻译学院，济南　250100）

2020年10月10日至11日，第二届西方修辞学高端论坛暨中西修辞学国际研讨会在山东大学威海校区以线上会议的形式成功举行。本次会议由山东大学翻译学院主办，以"中西修辞学：创新与交融"为主题，分设古典修辞学理论与应用、新修辞学理论与应用、修辞与传播等议题，不仅体现了当前西方修辞学研究的最新动态，也为学科之间的交融发展提供了新思路，是一次具有国际性、前沿性、交叉性的学术会议。

学者们在挖掘修辞学自身学理机制的基础上提出具有创新性的视角和观点。Sonja K. Foss 以 How Change Happens 为题，区分并阐释了两种产生变化的修辞范式。祝克懿以"汉语风格学的功能传统"为题，以叶蜚声的《话说风格》中西方学者关于风格的五组概念解读了语言风格表征，展现了汉语风格学的传统与主流认知。刘东虹以"己方论证的充分性与反方论证的说服力——基于图尔敏模式的纵向研究"为题，在图尔敏模式的基础上对现有的几个分析框架进行综合、修改和补充，并提出新的分析框架。田海龙以"新修辞学的后现代性及其现实意义"为题，探讨新修辞学的后现代主义特征对语言学跨学科研究的启发意义。Karen A. Foss 以 Disrupting the Binary: A Rhetorical Application of the Color Wheel 为题，运用圆形色轮的隐喻探讨了如何干扰和重构二元思维。分论坛一、二、三分别以"古典修辞学理论与应用"和"新修辞学理论与应用"为主题展开讨论，迸发出许多崭新的修辞理念。

在与其他学科的交融中修辞学被提升到新的理论与现实高度。Brian Ott 以 The Age of Twitter：Donald Trump as Case Study 为题，探讨了推特作为一种沟通媒介如何改变美国的政治格局。王建华以"论交际媒介与语体类型"为题，认为语体作为一种交际功能模式影响着人们的语用交际，要加强对新媒体语体及其下位语体的研究。邓志勇以"西方修辞学教育的启示"为题，探讨了西方的修辞学教育对我国高等教育具有的重要借鉴意义。Barbara Walkosz 以 Narratives and Health Communication：Identification, Community Building, and Transportation through Storytelling 为题，探究了叙事性的故事讲述在健康信息传递中的作用以及修辞作为健康传播重要路径的角色。陈小慰以"修辞'共识'与对外翻译传播"为题，探讨了在对外翻译传播中寻求共识的理念和实践途径。鞠玉梅以"危机语境下中国主流对外传播媒体的国家身份构建——以新冠疫情为例"为题，探索了危机语境下对外传播媒体国家身份构建的话语修辞策略及其产生的效果。李克以"共情修辞视域下的国家外部认同建构"为题，探究了共情修辞对建构国家外部认同的意义。分论坛四以"修辞与传播"为主题，关注修辞在传播理论与实践中的应用，显示出两门学科融合发展的跨学科研究态势。

本次研讨会聚焦修辞学最新发展动态，关注修辞学的学理机制及其在当今时代中的社会功能，推动了修辞学的发展及中西修辞学的交流借鉴，不仅能够加强修辞学、翻译学、传播学等不同学科间的互融互通，还有利于启发学者将修辞学置于广阔的社会语境之下，发挥其改变现实的本质功能和推动社会发展的积极作用。

（本文原载《天津外国语大学学报》2020年第 6 期）

·全国修辞学博士论文文摘选·

政治语言学视域下俄罗斯"媒体外交话语"评价意义研究

王楠楠

(大连外国语大学,大连 16044)

摘 要 随着媒体与外交互动关系的发展,逐渐形成了一种新型外交模式——媒体外交。各个国家积极开展媒体外交,借助媒体信息传播、议程设置、公众舆论影响等手段输出本国对外的政策和价值观。媒体外交行为主体在话语互动过程中生成媒体外交话语。媒体外交话语不仅描述和反映该话语互动过程,并且有针对性地对其进行社会建构。俄罗斯作为外交大国致力于发展本国媒体外交,并积极建构媒体外交话语以促进外交关系的发展和国际话语权的提升,其对媒体外交话语的研究受到国内外学者的关注。俄罗斯媒体外交话语中不乏情感、态度等评价意义的表达,对其评价意义的研究有助于系统性掌握俄罗斯媒体外交话语的生成、组织及建构特征和规律,并揭示其背后所承载的意识形态和权力关系,对我国媒体外交话语的建构具有参考价值。

本文以系统功能语言学为基础的评价理论以及评价意义的功能语义学研究理论为基础,以2004—2018年俄罗斯外长年度新闻发布会发言及答记者问为例,借助语料库语言学的研究方法,在政治语言学视域下对俄罗斯媒体外交话语评价意义进行批评话语分析。本文主要研究问题如下:

(1)在微观层面上,俄罗斯媒体外交话语借助怎样的语言表达手段实现评价意义的呈现?该评价意义具有怎样的语义分类?

(2)在宏观层面上,俄罗斯媒体外交话语实践过程中不同话语主体如何选择评价资源和评价主题?最终生成怎样的评价语义宏观结构?

(3)俄罗斯媒体外交话语评价意义建构何种政治现实、传递何种价值观?如何借助评价意义实现身份和权力关系的建构?

为解决本文研究问题,我们根据评价意义的研究理论以及费尔克劳夫批评话语分析研究路径建立本研究的分析框架,分别从语言、话语及对话性角度对俄罗斯媒体外交话语评价意义的语言实现、话语实践以及社会实践三个向度进行描写性和解释性的研究,具体得出以下结论:

第一,俄罗斯媒体外交话语评价意义的语言实现具体体现在评价意义语言表达手段的复杂性和评价语义类型呈现的多样性。俄罗斯媒体外交话语评价意义的语言表达手段体现在各个语言层面上,其中词语层面上的表达最为频繁,最常使用的词语类型为性质形容词,句法层面上的表达主要借助带评价词的评价语句,同时也借助修辞手段及情态范畴表达手段。俄罗斯媒体外交话语主要包括以下四类评价语义分类:一般评价意义、个别评价意义、显性和隐性评价意义以及情态评价意义。俄罗斯媒体外交话语一般评价意义的语义类型包括正面评价意义、负面评价意义和中立性评价意义。俄罗斯媒体外交话语个别评价意义的语义类型包括情感性评价意义、判断性评价意义和鉴赏性评价意义。

第二,俄罗斯媒体外交话语评价资源的选择与媒体外交话语语境模式以及作为评价主体的话语生产者——外交行为体和媒体等因素具有直接关系。独白式语境下和对话式语境下的俄罗斯媒体外交话语更倾向于呈现中立性评价,中立性评价的呈现使其话语建构更具客观性。较之俄罗斯外长,媒体记者更倾向于负面评价资源的选择,其议程设置具有负面导向性。俄罗斯媒体外交话语中话语生产者更倾向于鉴赏性及判断性评价意义的呈现,更侧重于对评价客体社会价值的判断以及社会道德准则和法律层面上的评判。较之俄罗斯外长,媒体记者对情感性评价意义的呈现频次更高,其评价更具主观倾向性。

第三,在话语互动过程中,俄罗斯媒体外交话语中以俄罗斯外长为代表的话语社团与以媒体记者为代表的话语社团在共同评价主题选择的倾向性上存在对应性,但同时存在差异性。以俄罗斯外长为代表的话语社团倾向于国家立场和国家外交价值观的树立并趋向于自我认同,而以媒体记者为代表的话语社团更关注俄罗斯外交部对各种国际事件所持态度,反映以媒体记者为代表的话语社团的利益诉求及其议程设置的导向性。

第四,俄罗斯媒体外交话语评价语义宏观结构借助话语组织模式实现,而该话语组织模式取决于俄罗斯媒体外交话语的语境模式。研究表明,俄罗斯独白式媒体外交话语评价语义宏观结构通过概述—具体话语组织模式来构建;俄罗斯对话式媒体外交话语评价语义宏观结构通过提问—回答话语组织模式来构建。

第五,俄罗斯媒体外交话语借助评价意义的呈现实现对话性的同时建构俄罗斯自我与他者的身份以及权力关系。俄罗斯媒体外交话语中借助中立偏正面的判断性及鉴赏性评价意义建构符合客观事实且积极正面的自我身份,具体体现在俄罗斯外交多元化、现代化及实用主义的自我认同、大国担当、国家及公民利益至上、坚守法律和道德、拥护和平以及重视社会团结等方面,该自我身份的建构反映俄罗斯的核心价值观与国家意识形态,并且与根植于本民族的传统政治文化相契合。俄罗斯媒体外交话语通过评价意义呈现的差异性建构不同的他者身份,他者身份建构的差异性促使自我与他者关系建构的两极分化,从而生成权力关系,主要涉及霸权主义与平等主义以及冲突关系与合作关系。该权力关系的生成和建构反映了自我与他者价值取向以及意识形态的差异性。

关键词 媒体外交话语 评价意义 批评话语分析 身份 权力关系

功能视域下的汉语话语套用研究

左乃文

(哈尔滨师范大学,哈尔滨 150500)

摘 要 在言语交际中,人们常借助他人话语来表达自我观点。这类言语活动可分为不同类型。本文以汉语中的话语套用现象为研究对象,在功能主义视域下,运用互文性理论、对话句法理论和互动语言学的理论方法,着眼于话语的基本单位——句子来进行研究。通过对话语套用的结构、意义、篇章、功能的研究能够为套用现象的分析提供框架,较为清楚地揭示套用与引用的差异,并尝试构建话语套用的分析体系。

全文共分八章。第一章绪论部分说明了研究话语套用的选题缘起,指出了研究问题和研究价值,主要梳理了话语套用的研究现状,概述了理论基础和研究方法,最后对文中语料情况作出说明。

第二章通过辨析套用与仿拟辞格的异同,比较套用、引用、借用、化用之间的差异,提出了话语套用的确定标准,界定套用现象。从关联性、系统性角度出发,总结话语套用在结构、意义、语篇和功能上的特征。依据话语套用的三个层级:当下文本层、原话语层和套用层,划分套用类型。根据话语套用各个层级的互动关联,区分明示性套用(与原话语层的互动)与联想性套用(与当下文本层的互动);根据套用层和原语层的语篇表现,区分言内套用与言外套用;根据套用层内部套用话语和原话语的关系,区分框架套用与实体套用。

以第二章概括出的套用特点为依据,组织安排第三至第七章的内容。

第三章从话语套用的结构特征分析不同套用类型的形式表现和建构模式。明示性套用具体表现为明标性套用和无标并置套用两类,前者利用套用标记中话语主体、修饰语的数量及位置体现套用表达的创新性,后者依靠距离象似性(distance iconicity),通过形式距离的相近性引导受话人将其看作一个整体进行认知和意义上的解读。联想性套用的突出特点是语篇内不出现原话语和套用标记,只依赖于受话人的认知联想,主要表现为框架套用。依据不同类型的表现,建构套用表达分为形式模式、语义关系模式和认知模式。

第四章从话语套用的意义特征分析套用浮现义、语境依赖性与类推关系。套用浮现义不是当下文本义与原话语义的简单加合。概念整合理论能够解释在选定当下文本和原话语的基础上如何通过套用手段筛选参照话语的内容,最终糅合呈现为套用表达。利用"再语境化"概念,分析原语境因素对话语套用的重要影响,原话语经过再语境化后的意义增值以及套用义的语境解读。话语套用的结构形式是在原有结构基础上类推产生的,通过概念整合、语境吸收浮现出的套用义,在不同场合下类推形成了系列表达和多种语义模式。

第五章从话语套用的互文性特征分析其语篇表现。套用文本在具体语境中的理解是一个动态的过程,对原有文本的解构和现有文本的建构形成的互文重构是同时进行的,具体表现为互文本与原文本之间的互动和互文本与主文本之间的互动。基于话语套用的对话特点,体现了文本间的互涉、交融。根据原话语层的隐现,将话语套用的语篇模式分为言内套用和言外套用,其利用语篇衔接语、激活认知记忆等方式连贯话语套用各个层级,而后进行线性排列。不同的语篇模式和套用层所处位置决定了话语套用的语篇功能。

第六章从话语套用的言据性特征分析其传信策略。不同套用类型利用多种形式表明套用话语的来源和获取途径,以此传递言者的认识态度,具有表达"言之有借,无意掠美"的作用。通过言语手段标示传信语,交代话语出处,构建交际双方的共有背景,标明套用话语中言者认识的来源理据。原话语显隐及其出现的位置、"套用 X 话(说)"中不同的 X、套用话语中留存的结构框架是查据套用信息来源的编码形式。话语套用的传信策略具有双向调控的作用,既可以对原话语的明说或隐去作出策略选择,也能利用不同方式对套用话语的信息地位进行策略调整,使表达言据性的原话语、"套用 X 话(说)"处于背景位置,使表达主观认识的套用话语凸显成为前景信息。

第七章从话语套用的主观性特征分析其

交互功能。话语套用是具有交互特征的动态交际活动。交互功能是促使套用表达式形成的重要动因,其在语篇中表现为互文性特征,在人际交往中体现为委婉情态和立场建构。言者利用套用层中的第一人称代词、情态词、标记成分、并置语序及套用话语的配合,语境化吸收它们的主观性特征,建立不同层级的关联。各个层级在文本互动中也蕴含着人际互动功能,在传递信息的同时附带情感态度,使观点呈现丰富内涵。在交互作用下实现主观认识的表达,体现了言者对受话人的关注。委婉情态、视角取向和设立言谈立场是话语交互功能的体现形式。

第八章是总结和余论。套用表达是表述言者创新性观点的话语手段,体现了人们求新求异的心理,达到了传承基础上令人感到陌生且新鲜的表达效果,易于引起人们的关注。本文主要通过对话语套用结构、语义、语篇和功能的分析,揭示套用和引用在多方面的不同表现。对话语套用现象的系统研究能够有利于语言伦理建设、语言教学和语言信息处理。从研究成果的应用性、语言的文化传统以及跨语言的比较等角度,还可以对汉语套用现象作进一步的研究。

关键词 话语套用 概念整合 互文性 言据性 交互功能

马拉维刑事审判话语中非真诚性和可相信原则研究

Wellman Kondowe

(华中师范大学外国语学院,武汉 430079)

摘 要 马拉维共和国中,大多数人民对国家法律体系的看法越来越不满意。很多非专业法律评论员认为,法律体系像是一场闹剧、一种垄断,是使国家屈服的、无用的威胁。这是一个从方法到实践都被殖民化的、具有欺诈性和偏见性的体系,它的制定者和执行者们完全没有想要帮助这个国家。所有这些评论其实都是对这种司法系统诚意的质疑,这司法系统中,每个人都是脆弱和易受伤害的。因此,本研究将聚焦有/无诚意这个话题,通过对采集于马拉维下级法院和高级法院的 22 个刑事审判数据的分析,探寻法庭审判是如何运行的,公正是如何通过协商、竞争而得以实现。我们认为,分析律师提问时以及控方证人回答问话时无诚意态度的特征可以从更广泛的角度阐释人们对司法制度的不满。

在我们的研究中,无诚意并不等同为撒谎,而是将其视为律师通过提问控制的一种模式,是不合作(有意无诚意)的一种形式,也是证人回应的一种社会建构(无意无诚意)。但首先,我们回顾了三个理论模型,如格莱斯(1975)的合作原则,赫弗(2019)的话语不真实模型以及廖(2005;2009)的目的原则。我们使用这三个理论模型以及定性研究领域先进软件之一的 NVIVO 11 Pro 进行分析。但是,这些模型在某些方面是存在不足的。这也促使我们开发一种被称为可信原则的新模型,以用于强调无诚意对法庭实现公平的影响。

其次,我们通过控方律师和辩护律师向证人提问时对问话的操控程度来分析控方律师和辩护律师问话策略的无诚意性。我们发现控方律师的问话比辩护律师的问话要有诚意,控方律师的问话多是为了帮助证人以收集更多信息,而辩护律师的问话则更多是为了控制和恐吓证人达到挫败和抹黑证人证词、构陷和伤害证人的目的。造成这种差异性的原因:一是各方的目的及其与证人之间的目的关系不同;二是法律法规中有对辩护律师存在偏见的条款,对这些条款字面的解读和法律层面的解读有着很大的差异性。

再次,我们研究了控方证人(专业的/非专业的)是如何发觉问话中那些有意无诚意和无意无诚意的问题,并对问话作出回应。有意无诚意指的是有意不合作的方式。在马维拉共和国,专业证人公然通过暂停、抗拒、隐瞒和误导来不支持回应问题,这是有意无诚意连续统一体中的消极策略。然而,非专业证人则更偏向于违反方式准则、数量准则和关联准则,这些是有意无诚意连续统一体中的积极策略。这些策略会在以目的为导向交谈中影响人们叙述的可信度。

本研究认为控方证人必须了解他们的话语多大程度会被人相信,他们必须具有不断地把自己的证词推向新的可信高度的能力,从而打动整个法庭。无意无诚意,虽然是有意识的行为,但它是源于听众所形成(社会建构)的主观判断,这是说话人无法操控的。对于专业证人来说,他们无法回答那些要求他们专业性的问题,也无法缩小指正被告的证据范围,这些都会造成无意无诚意,而这会对他们证词的说服力产生非常负面的影响。同样,非专业和易受打击的证人常常不能就与提供时间和日期相关的关键具体的细节,以及有些问话作出直接反应,这些都是明显的无意无诚意,最终也都会削弱他们证词的可信度。因此,虽然无意无诚意是有意识的行为,但他们不是故意为之。这些都是法律体系失败的结果,这让证词变得不可信,最终无法打动审判人员。

本研究建议政府需要采取必要的行动,如通过法律教育课程以及进行公民普法教育,让更多的人了解法律;法庭口译员需经过正规培训;必须给警察局和医疗机构提供足够的法医工具包。如果这些都得不到解决,那么在不发达国家就像马拉维,公正就是一个引起公众不信任与不满意的神话。

关键词 无诚意 意向性 可信度 目的导向交谈 刑事审判

现代汉语感叹表达研究

柳 真

(上海师范大学,上海 200233)

摘 要 本文以现代汉语感叹表达为研究对象,在汉语感叹句研究的基础上,运用功能主义语言学、言语行为、语言类型学和对比语言学等理论知识,尝试对现代汉语感叹表达的表现语法形式、语义特点和语用功能等问题进行较为全面的考察。通过对汉语感叹表达范畴的系统化研究,以期发现现代汉语感叹句所包含的功能语言学上的意义和语言类型学视角下的特征,具体包括汉语感叹表达的形式、语义、语用表现的描写和解释,并在第九章就汉语和韩国语的感叹表达进行对比分析。全文由 10 章组成。

第一章是绪论,主要说明本文研究的缘起、对象与范围,研究的理论基础与方法、语料来源与符号说明,综述国内外感叹句研究现状,说明可能的创新点以及可能存在的问题,明确研究的意义。

第二章主要对现代汉语感叹句与感叹表达进行界定,结合感叹句和感叹表达的性质、功能而作出界定,并根据感叹标记的有无对感叹表达进行分类。

第三章主要考察感叹表达的语义特征和语用功能,语义方面先分为根据感叹指向、感叹内容特征和感叹表达语境来进行研究。语用功能方面对在具体的言语行为理论基础上直接言语行为的感叹表达、非字面意义的感叹表达和间接言语行为的感叹表达进行研究。

第四章主要对感叹表达标记词中的语气成分——语气词和语气副词进行研究。先考察语气的定义和感叹表达的语气,再考察语气词的定义以及感叹表达中语气词的实例和作用。同时考察语气副词的界定,并结合实例对出现在感叹句中的典型副词"多(么)""好""可""太""真"等进行细致的描述分析。

第五章主要对感叹表达中的叹词和疑问词进行研究。叹词方面,本文区分为原型叹词、准感叹词和新兴叹词,描写感叹表达中叹词的语义及语用特征;疑问词方面,主要考察感叹表达中由疑问词"什么"和"怎么"构成的感叹表达形式的语义和功能特征。

第六章主要对感叹表达中出现的固定短语进行研究。将固定短语区分为经过语法化而凝固的表示提醒对方和超预期的话语标记、用"得"的和不用"得"的程度补语、"X+不得"和"不得+X"的惯用性固定短语等小类。同时,具体考察这些固定短语形式的语义及语用特征。

第七章主要考察现代汉语感叹表达的固定格式,将固定格式按照感叹表达形式区分为"你+这个 NP""都是 NP""这/那+叫一个 X"和"好+一(个)X"进行专题研究。

第八章对汉语感叹表达的两类组合模式,即独语句感叹表达和标记组合的感叹表达进行考察。独语句感叹表达可分为名词独语句、动词独语句和形容词独语句。标记组合的感叹表达可以选择一种感叹方式,也可以兼具两种或两种以上的感叹方式。

第九章对汉语和韩国语两种语言的感叹表达进行对比分析。首先对韩国语感叹表达加以概述,就韩国语感叹表达的界定、语义性质和语用功能进行解释说明,然后将韩国语感叹表达分为使用典型标记的和使用其他句类的感叹表达两类进行分析。最后,从语言类型学视角对比汉语和韩国语感叹表达的共同点和区别。

第十章是结语,对全文进行总结,说明本文在感叹表达研究方面取得的进展,同时指出研究存在的不足。

关键词 感叹句 感叹表达 汉韩对比 言语行为